Adalet Ağaoğlu, 1929'da doğdu. Lisesi'nde tamamladı. Ankara Üniver sız Dili ve Edebiyatı Bölümü'nü biti Ankara Radyosu'na girdi; burada ve çeşitli görevlerde bulundu (1951-70). TRT Radyo Dairesi Başkanlı-ğı'ndan, kurumun özerkliğine el konulması sonucu istifa etti. Öğrencilik yıllarında başladığı yazarlığını 1970'ten sonra başka hiçbir işle paylaşmadı. Radyo ve sahne oyunlarını romanları, öykü, deneme kitapları ve günlükleri izledi. Ağaoğlu, Cumhuriyet dönemi edebiyatımızın en önemli modern klasiklerinden biridir.

Eserleri:

Oyun: *Bir Piyes Yazalım* (1953, oynanmış, basılmamış); *Yaşamak* (1955-56, radyo oyunu, yayınlanmış, basılmamış); *Evcilik Oyunu* (1964); *Tombala* (1967); *Çatıdaki Çatlak* ve *Sınırlarda* (1969, iki oyun); *Üç Oyun: Bir Kahramanın Ölümü, Çıkış, Kozalar* (1973); *Kendini Yazan Şarkı* (1976); *Çok Uzak-Fazla Yakın* (1991); *Duvar Öyküsü* (1992); "*Fikrimin İnce Gülü*" (1996, oyun).

Roman: *Ölmeye Yatmak* (1973); "*Fikrimin İnce Gülü*" (1976); *Bir Düğün Gecesi* (1979); *Yazsonu* (1980); *Üç Beş Kişi* (1984); *Hayır...* (1987); *Ruh Üşümesi* (1991, oda romanı); *ROMANTİK Bir Viyana Yazı* (1993).

Öykü: *Yüksek Gerilim* (1974); *Sessizliğin İlk Sesi* (1978); *Hadi Gidelim* (1982); *Hayatı Savunma Biçimleri* (1997).

Anı-Anlatı: *Göç Temizliği* (1985, anı-roman); *Gece Hayatım* (rüya-kâbus anlatıları, 1991); *Damla Damla Günler I-II, III* (2007).

Deneme: *Geçerken* (1986); *Karşılaşmalar* (1993); *Başka Karşılaşmalar* (1996); *ÖYLE Kargaşada BÖYLE Karşılaşmalar* (2002).

Seçmeler: *Okurunun Yazarı*, Hazırlayan: Sefa Kaplan (1993, 2006).

Nehir Söyleşi: *Adalet Ağaoğlu Kitabı, "Sen Türkiye'nin En Güzel Kazasısın"*, Söyleşi: Feridun Andaç (2001).

Yayına Hazırlama: *Güner Sümer Toplu Eserleri* I-II Cilt (1983). Ayrıca basılı olan ve olmayan çevirileri vardır.

Ödülleri: *Üç Oyun*, 1974 Türk Dil Kurumu Tiyatro Ödülü; *Yüksek Gerilim*, 1975 Sait Faik Hikâye Armağanı; *Bir Düğün Gecesi*, 1979 Sedat Simavi Vakfı Edebiyat Ödülü, 1980 Orhan Kemal Roman Armağanı, 1980 Madaralı Roman Ödülü; *Çok Uzak-Fazla Yakın*, 1992 Türkiye İş Bankası Edebiyat Büyük Ödülü (Tiyatro); *ROMANTİK Bir Viyana Yazı*, 1997 Aydın Doğan Vakfı Roman Ödülü, 1995, Cumhurbaşkanlığı Kültür ve Sanat (Edebiyat) Büyük Ödülü.

Unvanlar: TÜYAP Onur Yazarı (1994), Eskişehir, Anadolu Üniversitesi Fahri Doktora Unvanı (1998), ABD OSU (Ohio State University, Humane Letters) Edebiyat Fahri Doktora Unvanı (1998).

TÜRK EDEBİYATI

ADALET AĞAOĞLU
HADİ GİDELİM

Genel Yayın: 1367

EDİTÖR
SEFA KAPLAN

GÖRSEL YÖNETMEN
BİROL BAYRAM

DÜZELTİ
ASLI YALKUT

GRAFİK TASARIM UYGULAMA
TÜRKİYE İŞ BANKASI KÜLTÜR YAYINLARI

1. BASKI, 1982 REMZİ KİTABEVİ
2. BASKI, 1983 REMZİ KİTABEVİ
3. BASKI, 2000 OĞLAK YAYINLARI
4. BASKI, 2001, YAPI KREDİ YAYINLARI, "TOPLU ÖYKÜLER" İÇİNDE
5. BASKI, 2002, YAPI KREDİ YAYINLARI, "TOPLU ÖYKÜLER" İÇİNDE
6. BASKI, 2005 ALKIM KİTABEVİ

7. BASKI TÜRKİYE İŞ BANKASI KÜLTÜR YAYINLARI'NDA I. BASKI, OCAK 2008

ISBN 978-9944-88-245-3 (CİLTLİ)
ISBN 978-9944-88-244-6 (KARTON KAPAKLI)

BASKI
EUROMAT ENTEGRE MATBAACILIK ANONİM ŞİRKETİ
(0212) 451 70 70
SANAYİ CAD. NO: 17
ÇOBANÇEŞME-YENİBOSNA 34510 İSTANBUL

TÜRKİYE İŞ BANKASI KÜLTÜR YAYINLARI
İSTİKLAL CADDESİ, NO: 144/4 BEYOĞLU 34430 İSTANBUL
Tel. (0212) 252 39 91
Fax. (0212) 252 39 95
www.iskultur.com.tr

Yalın'a...

9.4.2009
İstanbul
Sevgilerim ve
en iyi
dileklerimle

Hikâye

hadi gidelim

ADALET AĞAOĞLU

TÜRKİYE İŞ BANKASI
Kültür Yayınları

İÇİNDEKİLER

DAR ODANIN KARANLIĞI

Hepsi, elektrikler pat deyip söndükten sonra. Televizyon ekranı, havası kaçmış balon benzeri, içine çekile çekile kararıverince, Sultan'ın gözleri önüne en son resim çakılıp kalıyor. Gitmiyor, silinmiyor. Karanlık odanın içinde, her şeyi çoğalta çoğalta açık seçik kılan, gözalıcı aklıktaki o örtü işte. Topundan yeni kesilmiş, katyerleri ütü görmemiş kaputbeziyle örtülü bir masada duruyordu silahlar, fünyeler, teksir, yazı makineleri, kitaplar... Masanın gerisinde bir sıra, saçlı sakallı delikanlı. Demek hemen, toplanır toplanmaz çekilmişler; kafaları tıraş edilmemiş! Aralarında on altı yaşlarında bir de kız vardı. Delikanlılardan biri, başını önüne eğmiş, –tıpkı bana özür dilemeye gelen, demişti Sultan–, kimi ellerini karnına kavuşturmuş, biri de burnunu kaşıyordu. Sinek konmuş olabilir mi? Kimbilir? Önceki gün, kısa saçlı spikerin alnına konmuştu da. Sultan, ha kovaladı o sineği, ha kovalayacak derken, söylenenleri anlayamamıştı. Babası da, "Bravo kadına" dediydi hattâ. "Vazifenin asıl yanı, sinek konsa da, kovalamadan okuyabilmekte. Bravo, bravo kadına valla!"

O gece babası biraz daha iyice miydi? Az önce, elektrikler sönmeden, hiç sesi soluğu çıkmıyordu. Ak örtüyle kaplı masanın üstündekiler için de, masanın gerisine dizilmiş delikanlılar için de hiçbir yorumu olmadı. Demedi ki, bak bunlar seni yanlışlıkla dövenlere benziyorlar, hele şu kız!..

Kibrit nerede? Şurada bir yere koymuştum. Bugün bir suskunluğu, halsizliği var ya, ne? On altı yaşlarındaki kız pek kavruktu: Benden daha kavruk bu.

Sultan, içinden böyle geçirdiğini düşündü yeniden. Elektrikler pat deyip sönünce de: Çok kavruk.

Yine de ille o örtü. Topundan yeni kesilmiş, katyerleri ütü görmemiş. Herhalde etek uçları da bastırılmamıştır. Overlok. İplikler sarkmaktadır, uzun.

Odanın ortasına düşüveren karanlıkta bütün beyazlığıyla haykırıp duran hep o: Hepsini teslim aldık! Tüfekleri, tabancaları, fünyeleri, teksir, yazı makinelerini, kitapları, oğlanları, şu kızı da. Ak örtüler. Örtülerin üstünde dikiş makineleri, vizolinler, klapalar, elektrikli makaslar, açılacak ilikler, bastırılacak etekler... Overlok... Bir overlokçu daha gelse iyi olur, Salih Bey! Yetişemiyoruz. Etekuçları, iç dikişleri, yen baskıları... Sonra ilikler, nakışlar, iğnelerin her batıp çıkışıyla da Ayten.

Değil. Ayten nerden çıktı şimdi? Nerde bu kibrit canım? Elyordamıyla, yoklaya yoklaya masanın üstünü, pencere içini... Lâmba burda işte. Örtünün üstünde silahlar falan yok. Fünyeler yok. Kaputbezinden bir örtü. Baştan sona Ayten. Bir beyazlığa dizilmiş kaç yüzü Ayten'in. Batıp çıkan iğne uçlarında... Ayten'i unutmadın mı?

Artık düşünmediğini sanırdı. Emine üsteleyip dursa da, beyninden, yüreğinden çıkarıp attığını onu. Televizyondan karanlık oda içine artakalan beyaz, kaputbezi örtüden mi, masanın gerisinde aldırışsızmış gibi duran on altı yaşlarındaki kavruk kızdan mı, elektrikler sönüp ekran, içine çekile çekile bir aydınlıktan karanlığa ağarken mi: Ayten. Hangi Ayten? Yollar vıcık vıcık, duraklar adam almaz, minibüsler itiş kakış, eriyen karlar pat pat tepelerine düşer, biri omuz vurur, öne geçer. Sultan sarsılır, tam yere kapaklanacaktır; altı kalın, parlak iğde kabuğu renginde yapay deriden çizmeleriyle, eski atölyenin şefi Salih beyin kolunda, yüzlerine bakmadan, ama gördüğü apaçık, görülmeyi istemesi çok daha açık, gülüp geçerken mi? Ayten, ama hangi Ayten? Ne zamanın Ayten'i bu? Sultan abla, Sultan abla, seni öyle beğeniyorum, öyle takdir ediyorum ki, bilemezsin abla. Bak hele Sultan abla, sana ne aldım. Babamın fanilası kalmadı, sık değiştiriyorum, kirlileri yıkamaya elim değmeden, yıkadıklarım bitiyor, yetişmiyor, demedin miydi? Al işte fanila. Senin elin değip nasıl çıkacaksın ki? Senin iş, yedide paydos. Dükkânlar kapanmış olur. Bazan sekizi bile buluyorsun ya... Ben çoğu zaman beş dedi mi fırlıyorum. Kızılay, Kavaklı... Nah böyle. Bir şalvar modası çıktı, bütün kızların bacağında o. Ne olmuş, alıverdim işte. Bir fanila. Ölümü öp Sultan abla, ne zahmetiymiş?

İşte, biri bu Ayten. Dikkatli, sıcacık. Hem sıcaklık peşinde, hem onu en çok dağıtan. Nerde neye takılıp kaldım, nerde neye bunaldım; ben kendim bile tam bulamadan, bulup çıkaran bir Ayten. Hiçbir şey yapmasa, bahçelerden yolup demetlediği kısa saplı kokulu güllerle atölyeye çıkıp gelen Ayten. Hafta sonları beni zorla ağaç altlarına, su başlarına, hattâ bir seferinde sinemaya bile çekip götüren Ayten: Beybaba mı, iyi ya Sultan abla, aklın geride kalacaksa, hadi ne olur, ben bekleyeyim, sen şöyle bir çık dolaş. Azıcık nefes al, hadi. Aaa, durma ama, küserim bak, koş hem, gecekondu aralarında oyalanıp durma. Şöyle Kızılay'a doğru iniver. Vitrinlere bak, o bile yeter be Sultan abla. Bir simit alırsın, yukarı doğru gider, Kuğulupark'a kurulursun. Bir de çay söylersin. Gelene geçene baksan yeter. Ne kızlar, ne oğlanlar... Bak bakalım, senin dikişlerini, nakışlarını kimler giyiniyor, hiç merak etmez misin? Birine pek bir yakıştığını gördün mesela, sevindin gitti! Hadi be Sultan abla, istersen yanına Emine'yi de al. Koşa koşa gelir o. Biraz kafa şişirir ama, abilerinin çoraplarını yıkayıp duracağına, o da bir soluk almış olur hem.

Bu Ayten işte. Bir şirkette çaycılık ediyor, odaları silip süpürüyormuş. Sahi, demin şurayı silerken kibriti kâsenin içine atmıştım. Burda işte. Kâseyi de yıkasam. Elektrik gelsin de... Ama bu bir iş değil ki Sultan abla. Bir meslek değil. Yarın ordan çıkarsalar, yine ortada kalır insan. Seni çok severim Sultan abla. Ne yapıp edip meslek sahibi olmuşsun. Orda burada dolaşacağına, ciddi ciddi iş öğrenip, ciddi ciddi de yaparak öyle...

Bunlar dışında ne biliyor Ayten üstüne? Hiç: Sen beni boşver Sultan abla. Düşünme. Senin derdin kendine yeter. Buharlı ütüler, çiriş kokuları, makine vızıltıları içinde, başını kaldırmadan öyle, bastır, ör, nakışla... Sana değer vermem zaten, hiç de şikâyet etmeyişin. İnsan sevmese yapamaz, sen herhalde seviyorsun değil mi Sultan abla? Al şu simidi. Çayını kuru kuru içme. Miden ağrır sonra.

İşte, böyle bir Ayten. Sanırsın kendini bana adamış. Hem anam, hem çocuğum. Başın mı ağrıyor, al bir Optalidon, bak burda işte. Bugün nasılsın Sultan abla? Geçti mi başının ağrısı, belin yine ağrıyor mu? Çok mu? Ne yapsak? Bir gün, senin öğlen tatilinde, geleyim de ovuvereyim ha? Belki rahat edersin.

"Bari gaz lâmbasını yaksak Sultan. Bu ışığın geleceği yok."

Babasının sesi, uzandığı sedirden iniltiyle çıkıp geliyor. Sultan, odanın karanlığına serili ak örtüyü derleyip topluyor. Ayten'in yüz çeşit yüzünü bohçalıyor. Tam da onun cıvıl cıvıl sesini işitip, pırıl pırıl gözlerini görüp dururken. Birkaç saat önce, itiş kakış bir minibüs durağında, çamurlar içinde, kötü bir rüzgâr altında, kuru dallardan, saçaklardan şap şap insanın tepesine inen, yün atkıyı delip saç diplerine yürüyen erimiş kar sularıyla iliklerine dek titrediği sıra, Emine: Gördün mü Ayten'i Sultan abla, dediği sıra.

Kibriti çakıyor. Hoyrat bir çakış bu. Elleri titriyor. Gaz lâmbasının yanına varıp, şişesini çıkarıyor.

"Kibrit arıyordum da baba..."

Ne biçim ses bu! Sultan'ın kendisine bile yabancı. Kuru, hırçın.

Lâmbanın ölgün ışığı, odayı dolduran yanmış, kederli gaz kokusu, gecekondular arasında boyna havlayan aç köpekler, eriyen karların canlandırdığı Mamak çayının haşırtısı. Esinti mi kuru dalları ıslıklandırıyor, yoksa bu sahiden, suyun canlanmaya hevesli cılız sesi mi?

Sesine çekidüzen veriyor Sultan:

"Bir şey ister misin baba? Süt ısıtayım mı?"

"İçtim ya."

"Hadi bir bardak daha içiver. İyi gelir. Rahat uyursun."

Babası, sedirin üstünde usulca yekiniyor, doğrulmaya çalışıyor. Sultan koşuyor, omuzlarından tutuyor onu: Allahım, hep kemik. Ne zaman dokunsam, daha çok kemik sanki. Sanki dakika dakika çekiliyor etleri, kuruyor. Babacığım.

"Babam, şöyle kayıver hadi, daha rahat edersin. Uyursun belki."

"Bütün gün uyukluyorum Sultan. Kapı önünde, komşularla biraz hoşbeş etmeye kalmaz, halsizlik... Işıklar sönmeseydi iyiydi ya, şu âletle oyalanıyordum biraz. Bunu da... Ben sıkılmayayım diye, bilirim, borçlanıp aldın. Bakalım, daha kaç gün gözümü ona dikebileceğim ki... Elektrikler de böyle, sönü sönüverince, sanırım kendim sönüp gitmişim çoktan..."

"Aaaa, ama koyverme kendini böyle! Ah babam, niye inanmazsın? Geçecek, geçecek... Billâhi geçecek. Hep böyle yatıp kalacak değilsin ki..."

Babası elini halsizce sallıyor: Hani nerde? Her on günün ardından bir on gün daha.

"Vallaha inandıramıyorum seni babam be. İnan geçecek. Gittim gine, hastanede doktoru gördüm. Bir on gün daha istirahat, tamam diyor, kalkar diyor. Hadi gel, ayaklarını güzelcene bir yıkayalım. Üstünü değiştirelim. şöyle bir rahatla. Bak nasıl mışıl mışıl uyuyacaksın... Hadi, uzat bakayım ayacıklarını, bak sıcacık su. Sobanın üstünde hazır..."

Bu fanila, o fanila mı, Ayten'in getirdiği? Kör lâmbanın ışığında seçebilirsen seç. Şu köpek ulumaları; içimi daraltan bunlar. Suyun mu, ağaçların mı, neyin olduğunu bilmediğim bu haşırtı işte. Başka hiç. Karanlık. Bir dehliz. Gece.

Pasaja gitmiş de, ucuzluk varmış, herkes kapış kapış alıyormuş: Aşkolsun, anmaya değecek bir para değil verdiğim be Sultan abla!

Yüzü azıcık boyalı olurdu. Eve dönerken silermiş. Küpelerini çıkarmazdı ama. Küpelerini, bir bayramda annesi alıvermiş. Tuhaf, kendisine küpe alıveren bir annesi var. Yalnız onu biliyorum. Başka? O ise, benim her şeyimi bilir. Ne zaman aybaşı oldum, onu bile...

"Gördün mü Ayten'i Sultan abla?"

İtmişler, sendeliyorum, çamurlara düşeceğim, zor toparlanıyorum. Emine kolumdan tutmasa, düşmüştüm bile! Gördün mü Ayten'i Sultan abla? Gördüm. Ne olmuş? O bizi görmüyor fakat. Salih'in kolunda, nispet veren bir gülüşle geçip gidiyor. Geçsin şekerim Emine, aldırma kızım. Bu da böyle olsun. Hem sen de çok dolaşma bakalım kuyruğumda öyle, hadi. Ne var, Ayten de senin gibiydi işte. Beni yere göğe koyamazdı. Gece karanlığında dövülen, yüzü toztoprağa bulanan ben değil miyim, sana ne oluyor?

"Ayten'i işe sen aldırmadın mı Sultan abla?"

Hayır, ben aldırmadım. Aldırdımsa da aldırdım. İşte bir meslek öğrendi. Çaycılıktan, bulaşıkçılıktan kurtuldu ya...

Yoo ama, Emine'nin suçu ne sanki? Kıza hep ters davranıyorum. Herkese uzak duruyorum. Ben böyle değildim. Ayten oynadıysa, gidip en büyük düşmanımla, o Salih'le elele verdiyse bundan Emine'ye ne? Niye onu böyle itip kakıyorum durmadan? Kızcağız yanımda Ayten'den sağlam duruyor da, onun ilgisine, sağlamlığına bir türlü karşılık veremiyorum. Başıma bir Ayten daha istemiyorum. Emine'yi neden Ayten'e yakıştırıyorum sanki? Aman canım, uzak dursunlar. Keşke şu oğlanlar da özür dilemeye, yanılmışız, demeye gelmeselerdi. Onları da hep düşmanım bellerdim, olur biterdi. Ezik büzük öyle, saf saf yüzleri, bana bakıp, içleri eriye eriye, hoşgörün ne olur, deyişleri. Hep ben hoşgörecek değilim. Hayır, görmeyeceğim!

"Yaa, Salih ustayı sen istemedin, ama isteyeni çıktı işte. Nişanlanmışlar!.."

Bu Emine de. İyidir, hoştur, fakat herkesin girdisiyle çıktısıyla yakınen ilgili. Bu yaşta bu merak, bu suçlamacılık, bu hoşgörmezlik!.. Nişanlanmışlar... İyi. Hayırlı olsun. Salih de adammış gibi. Ondan insana ne dost olur, ne eş. Ayten bir denesin bakalım. Salih'e bir olmazlansın, başına neler gelir. Önden renk vermez. Zamanı kollar. Yanı yöresi kalabalık olacak ki... Tuvaletlerin orda, beni öpmeye kalkınca, usulca bir itip geçmişim. Aylar boyu, durdu durdu, renk vermedi de. Öcünü almak için Ayten gibi bir ortak beklermiş! Bu onun adam gibi adam olmadığını göstermeye yeter de artar bile! Kıllı göğsünü açacak, ordan aşağı altın künye sallandıracak ve böylece adam olduğunu sanacak. Pis! Ah Ayten, sırtını bir dönüş döndün ki, bunu dahi anlatamıyorum sana. Şu Emine'den hiç ummazdım. Ben o atölyeden ayrılırken, benimle birlik önlüğünü çıkarıp atan, son sürat peşimden gelen yine Emine. Bir o. Öyle ya, geride ne oluyor, ne bitiyor, ille öğrenecek. İlle bana yetiştirecek. Teslim almışlar. Hepsini. Bir kaputbezi serili masanın ardına dizmişler. Masanın üstüne de silahları, fünyeleri, makineleri, kitapları... Kızın aldırmaz bir hali vardı. Nasıl aldırmazlık bu. Ayten gibi mi? Ne kızı canım? Emine uyumuş mudur? Fünyeler nerden çıktı? Yaa, sen Salih'i istemedin ama, bak isteyenler çıkıyor işte. Nişanlanmışlar!.. Pek güzel, tamam.

"Tamam işte baba, mis gibi olduk. Karanlıkta sıkılmam dersen, lâmbayı alıym, sütü boşaltıp geliym..."

"İstemez. Kalsın..."

Sultan'ın babası, taranmış saçları, yıkanmış ayakları, düğmeleri iliklenmiş pijamasıyla sedire usulca kaykılıyor. Soluk soluğa. Sultan, ayak yıkama tasını beri çekiyor: Şimdi, camı açıp dışarı döksem, üşütürüm babamı. Dışarıda savurgan bir rüzgâr. Tutar, bütün suyu içeri püskürtüverir yeniden. Ayakyoluna götürsem, karanlık.

Çok karanlık. İki yıl kedi gibi peşimde, sonra birden sırt dönüyor. Niye? Bana kalırsa çok utandı bu Ayten. Baktı hesap verilecek yönü yok...

"Sen sütü mütü boşver de, söyle bakayım, niye istemezsin şu Ziya'yı ha?"

Ziya. Demek bugün yine gelmiş. Yine babamla başbaşa vermişler. Yine evlenme lâfı. Ziya'nın bir kusuru olduğundan değil. Ama öyle işte. Bu fısfısları işitmek istemiyorum ben. Ziya'nın durumu epey iyiceymiş de, borçlarımızı ödermiş de, babama bakarmış da, babam ölünce dımdızlak, bir başıma kalakalmazmışım da... Şuna bak, bu Ziya bana eş olmayacak da, Darülaceze olacak. Çok şükür elim ayağım tutuyor. Benim Darülaceze'ye ihtiyacım yok. Bırakın bu lâfları!..

Ayten'e kırgın, öfkeli söylemişti bunu: Elim ayağım tutuyor Ayten. Babama da bakarım, borçlarımızı da öderim. Ödeyemezsem de ödeyemem, neyse olacağı o olur.

Aramızda ilk. Hem de son. Başka ne vardı ki, başka bir şey yok. Aramıza işte ilk kırgınlığın girişi bu: "Ziya bey ne iş yapıyor Sultan abla?" Bana, böyle sordu. Yüzünde azıcık allık, dudaklarında azıcık boya. Gözler yine ışıl ışıl: Ziya bey ne iş yapıyor?

Kötü bir koku değdi burnuma. Çürük bir koku. İlk o zaman. Yoksa ne var, soruyor işte: Ziya bey ne iş yapıyor?

"Bilmiyorum, sormadım bile!"

"Aaa, ne kızsın sen be Sultan abla, adam sana âşık, sen adamın ne iş yaptığını bilmiyorsun daha!"

O gün ağzında bir çiklet mi vardı, ben mi uyduruyorum şimdi? Sanki ağzı çikletliydi Ayten'in. Sakızını şak şak şaklatıp duruyordu. Ne olmuş, kaşını mı yolmuş, yüzüne bir de ben mi kondurmuş? Karşıma oturmuş, bacak bacak üstünde. Bir bacağını kaldırıyor, ötekinin üstüne konduruyor. Bir dakika geçmiyor, bacaklar yer değiştiriyor. Durdum durdum da, bak şimdi gözümün önüne geliyor. Öyle, bütün işleri tıkırında, kendine güveni tam, arkası sağlam bir Ayten sanki, işte yine, katyerleri ütü görmemiş o kaputbezi. Apak. Üstünde, yanında yöresinde Ayten'ler. Bir öyle Ayten, bir böyle Ayten. Ayten hep aynı değil miydi peki, hep öyle bana sargın, sıcak; başım ağrısa aklı başından giden?..

Fünyeleri kim patlatıyormuş, o kavruk kız mı? Emine de, kulağımın dibinde, boyna mırıldanır: Salih'le aşna fişneye sen he deseydin, bunlar olmazdı Sultan abla. Yoo bak, he deseydin demiyorum, o ayıya he denir mi? Yok, bu değil billahi kastım, ama sen daha iyi bilirsin ya, bu Salih atölyede kaçın kurasıydı. Senin kaç binlerce işini görmüş. Herkese seni parmakla göstermiş. Herkes sayar, sever. Bir eğrin bilinmemiş, görülmemiş. En iyi, en çabuk işleri sen yapmışsın. Atölyenin elisin, kolusun. Bu Salih hepsini hepimizden iyi bilir be Sultan abla. Yanlış ilikleri senin açmayacağını bilmez mi? Delirmedikçe birini ötekinden iki santim arayla, berikini bundan beş santim arayla kondurmayacağını?.. Bilmez mi?

Yine minibüste, yine Nato Yolu'nu geçince, yine çamurlu yollarda, Hüseyingazi'den doğru savrulup gelen dondurucu rüzgâra karşı, söyler durur artık. Sanki ben düşünmedim.

Öyle ya, benim masaya, yanlış açılmış ilikleriyle altı şukadar ipekli bluzu kim bıraktı? Herbiri bir servet. Herbiri birer aylığımız. Üstelik ikisinin de nakışları eğri düşürülmüş. Aynı renkten bir masada altı, yine aynı renkten öteki masada altı. Ötekinde yine altı... Hep gecemavisi renkte olanlardan. Kızlar teyel atacak, kol takacak, yaka geçirecek, vizolinlenecekse vizolinlenecek: ilikler nakışlar bana gelecek. Ayten daha teyel atmada. Daha onu bile düzgünce yapamıyor ya, yapar. Zamanla öğrenir. Biz nasıl öğrendik: Bak, Ayten yavrum, ipliği çok gerdiriyorsun, kumaşı büzdürüyorsun. Hele bu ipekler, saf ipekler, büzdürmeye hiç gelmez. Kolay iş sanılır ya, en güç iştir. Ben yanıldım, geç sen şu makineye. Makineler yanlış yapmaz. Bak, iğnenin ucunu görüyor musun? Şöyle çevirirsin, baskı için. Overlok. Zikzak çekeceksen eğer, şurayı çevir. Ciğerdeldi, zevktir. Kumaşa çiçek...

Çabuk öğrendi sayılır. On gün demeden, ilik açmak, nakış atmak... Ki en düzelmez olanı biçkiyse, ikincisi ilik, nakış işi... Gel de Emine'yi inandır: Yaa, on gün demeden ilik açmakmış, nakış atmakmış!.. Aman be Sultan abla, çoğunu sen yapıveriyordun zaten. O da, gözünü kırpmadan, sanki kendi yapmış gibi, bir caka, bir caka: Kızlar, belki iyi teyel atamam ama, ciğerdeldide üstüme yoktur haa!.. Ciğerdeldilerime söz etmeyin e mi? Usta gelince biraz pohpohlayıverin!.. Aklı fikri burda. Bir ân önce göze girmek. Seni bile atlayıp. Sen kefil olmasan, arka almasan, onu atölyenin yer süpürmesine bile sokmazlardı. Sen orda, biri için, şu gelsin, işe yarar, diyeceksin de, olmazlanacaklar... Hatırın vardı, sayılırdın. Seni kırmazlardı... Hangimiz hiç iş bilmeden gelmişiz de işe almışlar sanki? Ben mesela, işe önce kurslarla, sonra çok daha küçük terzi yanlarında başlamışımdır. İpekli ne gezer. Pamuklu, pazen... Gecelik, pijama işi... Biz dikişin asıl inceliklerini hep senden öğrendik, her kumaşa ayrı muameleyi, elin duymasını, gözün seçmesini hep senden... Başka biri olsa, bu incelikleri öğretmezdi. Sen bildiğini başkalarından esirgemezsin Sultan ablam, kim nerde bocalıyor, koşarsın. Sen Ayten'e kefil olmasan, bırakın, ben öğretirim, demesen, Ayten atölyeye nasıl girerdi? Uğraşırım, öğretirim dedin, demedin mi?

İşte, yapışkan vıcık çamurla kaplı gecekondu yollarında, o yollara düşmüş ölez, ıpıldak ışıklar altında dura dura mırıldanan bir Emine. Ayten de Ayten. Aklına taktı. Ondan başka söz bilmiyor. Kaputbezinin karanlık oda içine teslim aldığı, resimde sıralanıp duranlar falan yok daha. Ya da onların hepsi Ayten sanki. Parlak çizmeler, kırmızı dudaklar, perçemlerini dışına püskürtüverdiği bir de alacalı yün bere başında, Salih'in koluna asılmış: Siz daha itiş kakış minibüs bekleyin buralarda!

Böyle bir estirmeyle geçip gitmesi Ayten'in.

"Ziya'yı diyorum, neden istemiyorsun Sultan? Yarın ölürsem dımdızlak kalacaksın..."

"Ölmeyeceksin baba! Dımdızlak da kalmam, korkma. İşim var, çalışıyorum. Daha gücüm kuvvetim de yerinde. Kimseye muhtaçlığımız yok, tamam mı?"

Sesi iyice hırçın, iyice kuru çıkıyor. Herhalde Ayten'in o gülüşünden. Öyle estirip geçişi. Sen de Emine gibi ne takıyorsun kafana canım? Neden topundan yeni kesilmiş, kıyıları bastırılmamış, iplikler sarkıtan bir örtünün her ucunda, kıyısında köşesinde Ayten'i görüyorsun? Unutup gitmiştin ne güzel. Unutmadım hayır. Geçmişte, onun her gülüşünü, bakışını, gözlerinin o ışıklı dönüp duruşlarını iyilikle düşünürdüm.

Babamla böyle konuşmak istemem. İstemem hırpalansın, gönlü kırılsın. Ama bu Ziya lâfı da ikide bir karşıma çıkıyor. Nasıl anlatsam? Emine anladı mı bakalım? Öyle şaşkın şaşkın bakıp kaldı. Tam ayrılacaktık, cump diye bir çamura batmıştık. Hüseyingazi'den esen yel, yanaklarımızı jiletle kesilircesine acıtıyordu. Köşedeki lâmbanın altına varmıştık. Çoraplarımız silme çamur. Onu yine azarladım. Yüksek sesle bağırdım galiba. Şimdi babama yaptığım gibi.

"Başının altı iyi mi baba? Rahat mısın? Şu yastığı da koyalım istersen?.."

Yine küstü. Başını yine öte yana çeviriyor işte. Yine bu köpek ulumaları. Yine iç delici, üşütücü haşırtısı çayın... Ne zaman kabardı bu? Bir de kuru dalların ıslıklanışı. Belki de beni bu sesler sinirlendirdi. Gecenin karanlığında, birşeyler usul usul üstümüze doğru gelmektedir sanıyorum. Geriliyorum. Ben böyle değildim.

"Otuzuna merdiven dayadın, hâlâ niye evlenmezsin, niye diretirsin bilmem ki... Ayakbağı olan bensem..."

Neyse, konuştu ya. Küsmesin de. Onun şu küskün sessizliği belimi büküyor. Odanın alacakaranlığına yayılmış kaputbezi örtünün açık seçik gösterdiği bütün silahların namluları bize çevrikmiş sanıyorum. O fünyeler şimdi, karanlığın her köşesinde art arda patlayacak. Kolumuz bir yana, bacağımız bir yana gidecek. Üstelik yüreğimiz de hâlâ çarpıyormuş olacak. Şu karanlık. Bu kasvetli sessizliği odanın...

"Ayten'e ne oldu? Hiç görünmüyor."

Sultan irkiliyor. Ne dese şimdi? Atölye değiştirmesini Salih'e, işin ağırlığına bağlayıp geçmişti. Ayten şöyle çıktı, diyemiyor ki. Bu çok ağır geliyor Sultan'a. Onca birlikte olunduktan, birlikte yiyilip içildikten, gülünüp oynandıktan sonra...

"Ben görüyorum baba..."

Sanki düş: Gün yeni atmış. Minibüse doğru koşturuyormuşum. Hüseyingazi'nin üstünden karlar kalkmış. Oradan doğru bir alev kızıllığı. Kuru dallarda bir gerinme. Tomurcuklar ha patladı, ha patlayacak. Bu bahar güzel şeyler olacak. İçimde bir uçarılık. Yedi on beş minibüsüne koşuyorum. Çamurlar tam kurumamış, ama katılaşmış. Geceler hâlâ ayaz. Sabah esintisi hâlâ dondurucu. Bu sabah durağa, çoraplarıma çamur sıçratmadan varacağım. Ondan sonrası kolay.

"Sultan abla!"

Dönüp bakmışım. Gencecik bir kız. Biraz kavruk. Ama sıcacık bir gülümseme. Işıl ışıl gözler. Biraz, pek az utangaç.

"Sultan abla, benim adım Ayten. Biz yukarı mahallede otururuz. Hani, dağın yamacında, tuğla ocağının orda. Şimdi diyeceksiniz, bu kız ne ister benden. Hiç, valla hiç. Bir ablam olsa, sizin gibi olsa... Bukadar. Başka ne diyeyim... Geçende minibüste konuşuyorlardı, kimdir diye kulak kabarttım, öğrenemedim. Sizi görüyordum da, konuştuklarının siz olduğunuzu bilemedim. Herkes seviyor sizi. Bütün semt halkı. İlk defa oluyor ki, çalışan genç bir bayana kulp takmıyorlar buralarda. Kulp ne söz, onlar için siz, örnek birisiniz. Bizim Bilal var. Siteler'de çalışır, ona sordum. Büyük bir konfeksiyon atölyesinde çalışan ablanın adı ne, biliyor musun dedim. O söyleyiverdi. Benim uzaktan uzağa çok sevdiğim ablam çıktınız, sevinçten deli oldum. Bilal'e, konuşsam benimle konuşur mu, benimle arkadaşlık eder mi, dedim. Niye konuşmasın, çıyan gibi yanaşıp sokacak değilsin ya, dedi o da... Ailem kimseyle görüştürmüyor. Fakat sizin için olmaz demelerine imkân yok Sultan abla. Ben sizi sonradan kaç kez gine minibüste gördüm, yolda gördüm, nebileyim çekindim işte, bir türlü yanaşamadım. Bu sabah artık, ne olursa olsun dedim, seslendim. Rahatsız etmedim ya? Ah ablacığım, öyle bir haliniz var ki, insanın her zaman güvenip dayanabileceği..."

O zaman çıkaramamışım işte. Neyime güvenip dayanacak ki, benim neyim var, konfeksiyonda boyna ilik açıp nakış atan biri, benden ne ister ki, demişim içimden. Bak şimdi çıkarıyorum, kızcağızın öyle, yaralı yavru kuşlar gibi çırpınışından bir hoş olmuşum, bana sığınmak isteyişi, beni önemseyişi; utanmışım belki, herhalde öyle, mahcup kalmışım. Atölyede de, gecekonduda da kimseyle kötü kişi değilim, fakat övüldüğümü de bilmezdim; hiç anlamamışım; Ayten, öyle soluk soluğa anlatıp dururken hoşlanıyormuşum da; herhalde öyle...

Sultan, düş gibi birşeyin etkisinden sıyrılıp silkiniyor. Babasına bakıyor; kendisinin uyanık olduğunu o zaman anlıyor. Babası ise, ayakları yıkanıp, üstü değişip ilacını da alınca rahatlamış. Uyumuş. Hiç beklemiyordu. Aklı yine Ziya'ya takıldı, artık uyumaz, bütün gece döner durur sanıyordu. Oysa adamcağız çoktan dalmış. Yüzü ne kadar sarı fakat. Hiç bukadar yorgun ve yıkkın olmadı. Acaba gaz lâmbasının ışığından mı? O ölez ışık, bütün gölgeleri uzatıyor, çizgileri aşağı doğru çekiyor, odada her şeyi solduruyor. Yine eriyen karların şap şap düşüşü saçaklardan, yine Mamak çayının, sessiz karanlıkta bir akarsu olduğunu duyuruşu, köpeklerin az daha uzaktan işitilen ulumaları. Tepelerden doğru güm güm silah sesleri yine. Başladılar işte. İşte bir yan, ben buyum, diyor; öte yan, ben de burdayım, diye gözdağı veriyor. Azaldılar, eskisi gibi evlerin önüne dek inmiyorlar, camları taşlamıyorlar, yol kesmiyorlar, uzaktalar, yine de işte silah sesleri... Ne silah sesi? Yok. Bana öyle geliyor. Hâlâ o düş gibi şeyin içindeyim. Kulaklarım, gecenin bu saati dendi mi, köpek ulumalarına karışan silah seslerini beklemektedir. Beklemekten öte, işitiyorum sanki. Taa yolun altında patlayan egzoz borusu da, rüzgârın çarptığı bir kapı da silah sesidir artık. O akşam çok geç kalmışım. Minibüsten inmişim yine. Tozlara bata çıka eve koşturuyorum. Bir elimde filem, öteki elimde çantam. Omuzlarımda ağrılar. Neyse ki babam yatalak değildi o zaman daha. İşinden çoktan dönmüştür, kapı önüne çıkmış beni beklemektedir. Yollar zifir karanlık, gecekondulular çoktan evlerine kapanıp kapılarını, bacalarını sıkı sıkı örtmüşler. Bir daha bu kadar geç çıkmayacağım atölyeden. Önüme ne iş yığarlarsa yığsınlar, yetişecek ne olursa olsun, bırakıp fırlayacağım. Saat dokuz oldu nerdeyse. Babacığım, kızmaz ya, çok üzülür... Bu zamanda...

Üstüme atladılar. Dört kişi mi, beş mi? Elimden çantamı kaptılar. Dövüldüm. Filemden patatesler, ıspanaklar saçılmış; ilk gördüğüm bu. Ispanak yapraklarının dört çift hoyrat ayak altında ezilişi. Benim ezilişim. Saçımın yolunuşu bir de. Yerlerde, tozların içindeyim. Dizimi taşa çarpmışım. Yara. Kan görünce, burnumdan boşandığını sandım. Bilemedim. Başıma vurdular, gözüm karardı, son gördüğüm de ilk gördüğüm gibi; sanki hep o ıspanaklar, kökleri sağlam, yaprakları ezik, vıcık... Niye dövüldüm? Sonra niye o karakol? Niye sabahlamak oralarda? Sabaha doğru babamı bulup gelecekler de... Bet beniz atmış, sandım inmeli, benim bir gözüm şiş, öyle dedi. Bilmiyordum. Bir de kız vardı... Yani, saldıranlar arasında. On altısında mı, on sekizinde mi? Hiçbirinin yüzünü iyi seçememişim. Resimler gösteriyorlar, tanıdın mı, diyorlar; hiçbirini tanımıyorum, hayır, bilemiyorum. O da bir düş, sanki düş. Ardından babam yığılıp kalmasa, günler sonra, hiç beklenmeyen bir zamanda, ben diyeceğim, sanki hiç dövülmedim, uykudaydım, öyle şeyler oldu... Yol karanlıkmış, kimseler yokmuş. Yüzlerini seçmeme zaman kalmamış ki... Bir kız. Sesinden belki. Öyle biliyormuşum. Bir kız vardı, demişim. Babamın kalbi zayıfmış, çok zayıf.

Günler sonra, bir gece, karanlık yine; önden haber salıp, ardından eve geldiler. Bizi kabul eder mi acaba, özür dilemek istiyoruz, demişler. Babam istemedi, diretti. Ben, gelsinler dedim; gelsinler, bilmek istiyorum. Niye dövüldüm, anlamak istiyorum. O düş bir türlü gitmiyor gözlerimin önünden, içimden çıkmıyor; gelsinler, gelsinler, ne yaptım onlara, niye saldırdılar, benden ne istiyorlar? Her akşam, karanlıkta öyle, bir iç daralması, bir tedirginlik, yeniden çıkarlar mı karşıma, yeniden saldırırlar mı, belli değil, işten dönmem bir azap, hep birinin yanına takılmak... En iyisi onlarla yüzyüze gelmek. Sormak. Ayten... Ayten'le hiç yüzleşmedin ama... Hâlâ bilmezsin, neden... Saldırganlar, gerçekten de çıkıp geldiklerinde, bir de ne göreyim! Çocuk bunlar. Işıkta o zaman seçtim yüzlerini. İçlerinden ikisi gelmiş, hepsi değil. Kızla bir oğlan. Nasıl da temiz yüzlüler, nasıl utangaç, üzgün duruyorlar. O gece önümü kesenler, çantamı kapanlar bunlar mı, ıspanakları ezenler, saçımı yolanlar bunlar mı? İnanasım gelmiyor, bir düşün içine daha yuvarlanıyorum sanki. Kâbus. Kâbus. Uyanayım diyorum, kurtulayım; yok.

Kız, çantamı bir köşeye koymuştu; sapı yıpranmış çantamdı. "İçinde dört yüz elli liranız vardı. Olduğu gibi duruyor, sayın isterseniz."

Kızın yazıklanmalar, utançlar içindeki sesiydi: Sayın ne olur! Özür dileriz, özür dileriz, diyorlar, sizi başkasıyla karıştırmışız. Başkası da olsa, onu neden döveceksiniz, neden çantasını kapacaksınız, diyorum. Susup önlerine bakıyorlar: "Hoşgörün, hoşgörün, bir yanlışlık oldu, çok kötü bir yanlışlık oldu..." İçim kazınıyor. Öfkelenmek istiyorum, öfkelenemiyorum. Her şeyden habersizim işte. Karanlık bir düşteyim. Her şey muğlak. O atölyeye her sabah sekizde giriyorum, akşam sekizde çıkıyorum. Aylar var, Kızılay'ın yüzünü günışığında görmedim.

Bağıramadım, ne istiyorsunuz benim gibi, ekmek parasını çıkarmak için günışığı görmeyen birinden, diyemedim. Onlara çay bile yapmak istedim. Sürekli yere bakıyorlar, özür diliyorlar, bıraksam ellerime sarılacaklar: "Bizi yanlış bellemeyin, ne olur, siz bizi yanlış bellemeyin, bakın sayın, paranız olduğu gibi duruyor, hiçbir şeyinize dokunmadık. Nüfus kâğıdınızı, iş kartınızı görünce çok utandık zaten. Biz sizi Ayten'le karıştırdık..."

Çay bardağını elimden düşürüyordum o zaman. Ayten mi? Ne Ayten'i? Ondan ne istiyorlarmış peki? Ne demek bütün bunlar, nasıl bir karabasan, babamın iki eli de niye öyle tirtir edip duruyor, niye bu hırıltıları, ne Ayten'i canım? İşte o Ayten, şekerim Ayten: Sabahın keskin serinliğinde, çapaçul bir ilkyaz rüzgârı yüzümüzü kırbaçlayıp saçlarımızı dağıtırken, yedi on beş minibüsüne koşuyorduk. Beni bana anlatmaya çalışıyordu. Mahallede kendine bir arkadaş seçecekse, beni seçmeliymiş. Herkesin örnek gösterdiği biri. Ayaklarımıza, katılaşmış kış çamurları takılıyormuş, yine de ben, içimde bir uçarılık, bu bahar güzel şeyler olacak, diyormuşum, çok güzel şeyler. Çapaçul rüzgârın dağıttığı saçlarımı seviyormuşum, minibüsün vinileksi patlamış koltuklarını, her durakta biraz daha itiş kakış oluşumuzu seviyormuşum! "Sen nerde çalışıyorsun Ayten, çalışıyor musun?"

Artık evlerde çocuk bakmak falan istemiyormuş. Epeyce bir uğraşmışlar, çocuklarına baktığı yerlere de söylemişler, rica etmişler, sonunda işte bu, şirketteki çaycılık, temizlikçilik işi bulunmuş. Maltepe'nin oralarda bir şirketmiş: "Ha çaycılık, ha hizmetçilik; pek farkı yok. Hiçbiri meslek değil bunların" diyor. "Birazcık bir farkı, değişik insanlar görmen, iş hayatını tanıman" diyor. "Aman canım, ben daha doğru dürüst bir mektup yazmayı bile beceremiyorum Sultan abla. Size abla dememe kızmıyorsunuz değil mi? Tee ilkokuldan kalan çarpuk çurpuk bir yazı benimkisi işte. Şirkete telefon edenleri bir kıyıya yazmama bile yetmiyor. Yoksa, belki çaycılık ettirmezlerdi, camları sildirmezlerdi... Otururdum telefonun başına, bir masanın önüne; gelene gidene, buyurun efendim, hayır yoklar efendim, evet burdalar efendim... Telefonlara da, alooo, burda değiller beyefendi, bir diyeceğiniz varsa şuraya yazayım, gelince sizi arasınlar... Adım olurdu sekreter..."

Gülmüştü. O gülüşünü nasıl sevmiştim ben. Nasıl akıllı, çelebi bir gülüş. Bu yaşta! Ulus'ta indik. Allahım, rüzgâr bağrına bağrına vuruyor. Bu kızın sırtında doğru dürüst birşey yok. Eprimiş bir gömlek, incecik bir hırka. Hem de üzülmüş, büzülmüş naylon iplikten. Titriyor. Benim de içim titriyor. "Üşüyorsunuz" dedim. "Siz üşümüyor musunuz?" dedi; bu yaşta yüzünde, gözlerinde dehşetli bir sevecenlik. Şimdi o mu açıkta kalmış bir kuş, ben miyim? Ben mi onun ablasıyım, o mu benim anam? Karıştırmışım.

Sultan, babasının üstünü örtüyor. Kalınca bir yorganla bir de eski battaniyeyi koyuyor. Hep gaz lâmbasının ışığında, babasının yüzü hep öyle solgun, çok yorgun. Sultan, odanın içinde ayakuçlarına basa basa dolanıyor: Lâmbanın gazı tükenmek üzere. Daha sürerse bu kesinti? Silah seslerini nerden çıkarıyorum canım? Silah sesi falan yok. İşte, motosikletiyle süthaneden dönüyor Ziya. İşte yokuşu sardırdı. İşte sola saptı, az daha patpatladı. Durdu işte.

Öyle, ateşli bir hasta gibi, şakakları, nabzı güm güm vuran gecekondu karanlığı.

Babasının ayaklarını yıkadığı plastik tası aralığa çıkarıyor. Aralığın uzunca karanlığında, atölyedeki gibi, başını dikiş makinesine eğen bir Ayten'miş: "Seni mahcup çıkarmaktan korkuyorum be Sultan abla. Ya beceremezsem? Ya yanlış yapar da, bir yığın ipekli bluzun canına okursam? Sana da ödetirler mi? Bana kefil olduğuna göre? Acaba girmese miydim buraya?" Derken, ak kaputbezi örtüyü bir ucundan tutup çeker gibi, Sultan'ı çekip içeri, odaya geri alan da Emine'ymiş: "Ayten'i Tunalı Hilmi'de, Salih'le gezerken görmüşler. Salih'e sen tanıtıverdin ya, daha o pazar işte. Aradan iki gün geçmeden, düşün! Hâlâ sana ağız yapıyor demek! Salih'le işini çoktan uydurmuş, acaba girmesem mi dersin Sultan abla, diye numaralar ha? Artık herkes biliyor be. Onun, Maltepe'lerin, Tunalı Hilmi'lerin bilmemnesi olduğunu bilmeyen yok. Sultan abla!"

Sultan odaya kendi ayaklarıyla dönmeye çalışıyor. Kulağını Emine'nin sesinden kurtarıyor. Bir sigara yakıyor. Her zaman bu nokta: Yaşamının tek soluk alınır yanı. Bir tek sigara. Geceleri. Babası uyuduktan sonra. Evi derleyip topladıktan, ertesi gün için babasının çorbasını, püresini hazır ettikten sonra, pencerenin dışındaki öksüz karanlığa baka baka, dumanı cama yapışıp kalan o tek sigara: Kolların, yakaların, etekuçlarının, iliklerin, düğmelerin, elektrikli makasların, klapaların gözlerinin önünden usul usul kayarak silinmeye başlaması; burnundan buharlı ütülerle çiriş kokusunun, yapışkan vizolinin. Kumaşların, kumaşların... Her renk, her çeşit. Düzü, desenlisi, çizgilisi, karelisi... Elinin altında makineye dolanan büzgüler, fiyonklar, pililer, milim yerinden oynamaması gereken ilikler, nakışlar. Binlerce ilik, kıyılarına tırtıllı örmeler atılacak; hepsi kayarak gidiyor, dışarıdaki karanlıkta eriyor, sigarasının dumanları ardında... Ama sesler, yüzler?

"Sultan abla, bu Salih bey evli mi?"

"Ne yapacaksın Ayten, evli mi, bekâr mı? Sana ne? Gözün mü var yoksa?"

"Amma yaptın be abla! Adamın gözü sende de, ondan sordum. Çok kızıyorum bu adama, içinden pazarlıklı, sinsi. Bak abla, o sana vurgun, bu açık ya, sen ona yüzverme sakın. Sen nerde, o nerde... Böyleleri hep dörtayak üstüne düşmek isterler zaten!"

"Sen işine baksana."

"Haklısın abla. Özür dilerim. Seni sevdiğimden vallahi!.."

Ah, yine o yüzü işte: Kapınıza alışmış bir kedi yavrusu. Sevilmeye muhtaç. Korunup kollanmaya. Sayıp sevdiği birinin yanında, yakınında olsun yeter. O serin, saf yüz, o ışıltılı bakışlar, çabucak sevinivermeyle çabucak boynu bükülüvermeyi gözbebeklerinde kardeş kardeş yaşatan... Ötekiler de böyleydi. Eve, özür dilemeye gelenler. Sonra, daha sonra. Ayten'den ne istiyorlarmış? Ayten'e de bana yaptığınızı yaparsanız, önünü keserseniz, üstüne çullanırsanız, bir kılına dokunursanız, iki elim yakanızda haa! Aklınıza gelmedik işler yaparım. Bizimle uğraşmayın. Herkes günün içinde yıkılıp gitmeme davasında.

Genç kız olanı, başını önüne eğmiş, ama yanacıkları al al, mırıldanıyordu: "O kız başka davada ama! Şirkette çaycılığa gireceğim diye, kaç kişinin başını yaktı o." Kim? Ayten mi? Ayten, o minicik kuş? Bunca mı sıkıntıdaydı bu kız? Ah keşke çok daha önce akıl edebilseydim. Keşke atölyeye daha önce alabilmeyi akıl etseydim! Hiç sezdirmedi ki. Hiçbir şey beklemedi benden. Hep vermek istedi, hep... Ablacığım, şu keçeleri ayakkabılarının içine koyalım, ayakların sıcacık olur, su çekerse, üşütmezsin... Sultan, saldırganlar çıkıp gittikten sonra da akıl edememişti, Ayten'in atölyede çalışmak isteyeceğini hiç düşünmemişti. Salih'e, ancak günler sonra açtı Sultan.

"Şirketin muhasebecisi bana tebelleş oldu, Sultan abla. Olsun bakalım. Ona yüzveren kim?"

Islak kedi hali vardı Ayten'in. Boynunda ısırık izi gibi bir iz. Işıltılı bakışlarında bir solgunluk, pörsümüşlük: Yoksa hiç aklıma gelmeyecekti Ayten'i atölyeye aldırmak. Salih desen, memnun. Ondan birşey istedim ya, umutlanıyor: Öğle tatilinde görüşelim...

Cama çarpıp geri dönen sigara dumanı Sultan'ın gözlerini yakıyor, karanlığa doğru kırpıştırıyor kirpiklerini. Biraz nem: Emine'yle dün, öğle tatilinde, yanlarında taşıdıkları yiyecekleri masaya dizmişler! Emine, henüz daha çocukluktan çıkmamış elleriyle, becerikli becerikli soyuyor katı yumurtaları. Çoktan, kocaman bir kadın:

"Sanki şirkete de iş için mi girmişti; orda bir koca bulmak için. Zengin adam nerelere gelir, şirketlere gelmez mi? Muhasebeciymiş!"

"Yeter artık ama Emine! Bir daha bu Ayten sözünü açarsan!.."

Sigarasından üstüste iki nefes çekiyor bu kez. Damağındaki acılık mı baskınlaştı, yüreğine doğru mu yürüyor, oradaki bir tutamlık ferahlamayı boğmaya mı? Kaputbezi örtülü masanın gerisindeki çocuklarla kızı, o masanın üstündeki silahları, makine ve kitapları gösteren resim, ekrandan kalkıp odanın karanlığına göçmeseydi, ardından şarkılar türküler başlardı. Babası bir yanda, kendi bir yanda, gözlerini ışıklı cama dikerler; şarkıcı kadının saçına başına, üstündeki tüylü pullu giysiye dalar giderlerdi. İstanbul manzaralarına, Boğaz'ın sularına, esintide, iri çiçeklerin nazlı nazlı kımıldanışlarına, sularda akıp giden bir tankere, yelkenliye. Hiçbir şey olmamış, kaputbezi üstünde silahlar durmuyor, saçlı sakallı yeniyetmeler, kimi başı öne eğik, biri ellerini karnına kavuşturmuş, durmuyorlar. Biri de burnunu kaşımıyor, nedense iki bileği birbirine yapışık. Sanki kelepçelerinden bir resimlik çözülmüş de, henüz o çözülüşe alışamamış bilekler... O kız da, besbelli işte gecekondulu olduğu, Ayten mi, Emine mi; orda, fotoğrafı çekilirken öyle... Kaputbezinin, topundan kesildiği gibi, katyerleri ütü görmemiş, öylece seriverdikleri masadan iplikleri sarkıyor da, kız masanın öte yanında herhalde o iplikleri koparıyor. Elektrikler sönmeseydi, çabucak bitecekti bütün bunlar. Ne giymiş bu türkücü böyle? Babası. Kendince de küçük bir şaka: Yakalarına yoğurt dökülmüş gibi!.. Yok canım, baba, parlak yakalar onlar. Işıktan öyle görünüyor. Parlak kumaş. Dur bakayım, saten mi geçirilmiş, yoksa lame mi? Aaa, vallahi lame! Geçen hafta gümüş lameden tam yirmi iki bluz diktik biz. Bir elma soysam sana, yer misin? Ya da, bakmışın komşular çıkıp gelmiş. Babası için ellerinde bir tabak muhallebi. Nasılsın komşum, iyisin, hadi iyisin vallahi! Bari dedik, türküleri birlikte dinleyelim.

Şimdi, odanın alacakaranlığı, dışarının zifir sessizliği, şap şap düşen karlar bir de. Hepsine baskın çıkan bir resim. Sönen ekrandan en sona artakalan. Unuttuğu, düşünmediğini sandığı Ayten'in yüzlerce duruşu, bakışı, sözüyle gelip gelip, ekrandan bir resim gibi önüne çıktığı. Işıklar söndü, bu resim sönmüyor, boyna çoğalıyor.

Öyle, öyle... Ayten, atölyeye girmek istediğinden bana hiç sözetmedi. Geldi, gitti, hatırımı sordu; çiçek, simit getirdi. Hattâ bir seferinde kırmızı burunlu bir köpecik. Camdan, minik birşey. Kuyruğu havada. Dokunsan kırılacak. Köpecik mi kırmızı buruncuğunu burnuma sürter. Ayten mi, beyaz bir ekstrafor parçasını elinde düğüm ede ede, burnumun dibine sokulmuş ılık ılık konuşur: "Ben hep derdim ki Sultan abla. Allahım, önüme öyle bir insan çıksın ki, tamam diyeyim, bak, başı dik, alnı açık, hayatını kazanıyor. Kimseyi itip kakmıyor. Kimse de onu itip kakamıyor. İnsana çok şey gerekli değil. Yavşaklaşmadan, ona buna yaltaklanmadan sayılıp sevilmek var ya; sen osun işte Sultan ablam."

Nerden bulur bu dilleri? Benim başım hep makineye eğik. Kulağım onda, gözüm inci mavisine ak tellerle dokunmuş kumaşa batıp çıkan elektrikli iğnenin ucunda: Nervürleri doğru çek.

Ayten boyna konuşur. Beni sevindirir. Kendime güvenim artar. Kumaşa en ince nervürleri çekerim. Attığım petekler sanki makine işi değil, arıların marifeti. Karşıma Ayten çıkana dek, bir şey, iyi ve ince işler yapabilen bir kız olduğumu bilmezdim. İnsan ne olsa övülmekten de hoşlanıyor. Başka ne sevincimiz var ki? Üstelik şu saldırı belâsı...

Nervür atmaktan başımı şöyle bir kaldırıp bakmıştım. Ne göreyim?.. İşte boynundaki morluk... Gözlerinin iğne batırılmış balon hali... Sönük, sörpük... Ya kıza sahiden birşey yaparlarsa? Ayten'e anamıyorum. Beni dövenler asıl seni arıyorlarmış, diyemiyorum. Dönüşlerde her akşam aynı minibüse binsek, yüksünmeyeceğim. Durakta inince evlerine dek bırakıp döneceğim. Fakat evleri nere? Bazı akşamlar, atölyeye uğradığında işte, annem beni şurda bekliyor, annem beni burda bekliyor, deyip ayrılırdı. Bazı da aynı minibüsteyizdir. Biz üç durak yukardayız daha, annem de karşılar, der; bakışları çok uzak bir durakta.

Ayten'i buraya almalı. O başbelâsı muhasebeciden kurtulur hem. Yüzüne bakmadım. Hemen nervürlere eğildim yine. Gözlerim birşey belli ederdi. Umutlanmasın. Korkmasın.

Bir yüzyüze gelsek, bir sorsam: Hani beni çok seviyordun? Ben o atölyeden ayrılırken, buz gibi durdun. Çıkıp giderken başını çevirip bakmadın. Ondan sonra da, bir kez bile beni arayıp sormadın, Ayten?

Ta ki bu akşam, iğdekabuğu parlak çizmeleriyle, Salih'in kolunda, önünden geçip giderken, o gülüşü... Tam da Sultan'ın çamurlara seriliverecek gibi olduğu sıra: İş bilenin, kılıç kuşananın... Böyle bir gülüş işte.

Sigarasını önündeki toprak küllüğe hırsla bastırıyor: İsterdim göz göze gelelim. Bakışlarımı bir görse, Salih'in kolunu bırakıp koşardı: Benimkisi cahillik Sultan abla, en kısa yolu seçmek istedim herhalde, kusur ettim, hoşgör oh ablam!.. O gülüşü, gözü gözüme değmesin diye buldu Ayten. Burnu kırmızı, camdan köpeği ne yaptım? Ne yapacağım, bir kumaş parçasına sarıp masasına bıraktım ya. Kılı kıpırdamadı. Gel Ayten, seninle konuşacağım. Benim seninle konuşacak birşeyim yok. Öyle de, niye aylardır peşimdeydin? O hediyeler, o övmeler, o sabır... Hiç bildiğim Ayten değil: Beni meşgul etmeyin lütfen. Görmüyor musunuz, işim var. İlikleri yanlış açmasaydınız! Benim suçum mu?

Sultan, alnını serin cama dayıyor: Nekadar yanıyormuş meğer! Ben, içimin sıkıntısı karanlıktandır diyordum. Biz bunları böyle böyle konuştuk mu? Söze dökmedik. Fakat daha çoğunu da konuştuk. Burnu kırmızı köpeği önüne koyup çıkarken ben. İlikleri baştan sona yanlış açılmış bluzları benimkilerle değiştiren oydu. Ancak o ân bildim.

Önceden hiç aklıma gelmedi. Gelemezdi. Hep, biri, ama kim, deyip durmuştum. İşin içinden çıkamayınca da, unut gitsin en iyisi, kimbilir hangisi dara geldi; Sultan ablayı nasıl olsa atmazlar, beni hemen atarlar, diye güvendi, bunu yaptı, demiştim. Ama Salih. Kendini hela aralığında bana öptürmedin, öyle mi, demiyor da: Burası ciddi bir işyeridir Sultan hanım. Burda dalga geçmek olmaz. Siparişler zamanında ve eksiksiz, kusursuz teslim edilmeli. Bir de örnek olacaksınız herkese. Benim üstünde durduğum asıl mesele bu. Herkes, siz ne yaparsanız onu yapıyor burda. Siz ne yaparsanız, o iyi. Böyle olunca, sizin yanlış yapmanız demek, atölyenin her çeşitten yanlışlığa boğulması demek.

Alnını cama daha sıkı bastırıyor Sultan: Allahım, delireceğim! Hela aralığında köpekler gibi yaltaklanan o yüz, o ses: "Sus, sus, ne olur, kimse duymasın. Sultan, bir tanecik, bir öpücük, hemen, başka hiç, ne olur" diyen o ses, o terlemiş kul köle yüz gitmiş. Şimdi bu içki kokan ağız; sanki memleket o ânda batıyor da, kurtaracak: Sizin yanlış yapmanız, atölyenin her çeşitten yanlışa boğulması demektir!

İplikleri sarkan, ütü yüzü görmemiş kaputbezi üstündeki iki tüfek, beş fünye, derken Emine: "Sultan abla be, o Salih'in suratına hark tüüü, deyip bir tükürecektin de ondan sonra atacaktın önlüğünü orta yere. Hem onun suratına, hem Ayten'in suratına..."

Masanın gerisindeki, on altı yaşlarında o kız, sanki hâlâ kaputbezinin ipliklerini koparıyor. Çekiyor, çekiyor, yine sökülüyor iplikler.

Ayten'e bakıyordum. Sanıyorum ki, yerinden fırlayacak, Salih'i bir yana itecek, git diyecek, git, kim kurduysa bu desiseyi, onu bul. Sultan ablamı rahat bırak, diyecek. Onun sana verecek hesabı yok. Benim gözbebeğim, Sultan ablam o! Hepimizin.

Hiçbir şey. Ancak şu: Kırk yıllık overlokçu gibi, etek bastırıyor. Başını makineden kaldırmıyor. Dudağının kıyısından da, pır pır bir gülümseme mi geçiyordu, ben mi şimdi öyle sanıyorum?

"Sultan abla giderse, ben de giderim!"

Emine.

Başka kimse. Hiçbiri başını işinden kaldırmadı. Dövüldüğüm zaman bile böyle değildi. Herkes, sanki yarın başlarına geleceklerden onları benim yaralarım, berelerim korumuş, koruyacakmış gibi çevremi donatmışlardı: Sen hele biraz daha istirahat et. Biz senin işini de yaparız. Hele şu gözünün şişi insin, böyle nasıl çalışırsın?

En çok da Ayten. Dört gün, her sabah bizde, içim eriyor. Ya kızın önünü keserlerse? Söz aldım, yine de belli olmaz ki... Ayten, benim işkillenmelerimden habersiz: Sakın işe gitme, daha gitme Sultan abla, ne olur, hatırım için... Hele biraz daha dinlen. Ben giderim, atölyenin şefine derim ki, böyle böyle... Yapabileceğim birşey varsa, yaparım abla. Hele iyice iyileş sen. Bak, beybaba da iyi değil zaten. Hadi ablam, sakın yarın da gitme, olur mu? Hem ne malum yine yolunu kesmeyecekleri ha? Ekmeği alıp geldim ben. Sen sakın çıkma, e mi?

Bilmeden iki damla yaş iniyor Sultan'ın yanaklarından boynuna. Niye ağladığını bir çıkarabilse... Ayten'e, Salih'e, üstüne saldıranlara öfkeleneceği yerde, bu gözyaşları şimdi... Sıcak iklimlerde, bulutlar arasında durmuş, dinlenmiş ılık iri yağmur damlaları: Nedir bu, niye ağlıyorum? Kaç günler geçmiş. Hepsini unuttuğum zamanlarım olmuş. Şimdi bu iç yanması, bu yaşlar... Ayten'e mi, ekrandan artakalan resme mi, babama mı, niye bu yaşlar? Aldanış. Küçücük bir kızın bunca girdi çıktısını göremeyişim. Aldanış. Herhalde bu. Yok. O da değil. Damağımdan içime doğru yayılan acılık daha başka, ne olduğunu bilmediğim birşeyden ötürü. Bu karanlık işte. Elektriğin hâlâ gelmeyişi. Bekle bekle; içimi basan sıkıntı... Yirmi sekiz yaşım. O çocuklar: Özür dileriz, özür dileriz... Onlara kızmam mı, onları sevmem mi gerektiğini bilemeyişim. Hayır. Bu da değil. Ayten tam içimde göçmüşken, Emine. Sonra da o çocukların karşıma bir daha hiç çıkmayışları. Tam söz verdikleri gibi: Ayten'e ilişmeyiz. Sizin hatırınıza...

Benim hatırıma, Ayten'e ilişilmeyecek. Başkalarına? Ayten'den ne istiyorlardı? Neden bunca sıkıştı bu Ayten? "Maltepe'lerden, Tunalı Hilmi'lerden geçmiş bir kızdır o, siz bilmezsiniz." Nedir bu? Caddelerden geçmenin hesabını onlar mı tutuyor? Allahım, ne karanlık! Topundan yeni kesilmiş kaputbezinin aklığı üstünde silahlar, fünyeler, kitaplar, makineler; masanın gerisinde delikanlılar ve o kız nekadar belirgin görünüyordu oysa. Beyaz örtünün katyerleri...

Camı açıyor Sultan. Rüzgâr durmuş. Biraz serinlik. Yüzünü okşayan yakın bir el: Gecenin, karanlık serinliğin yakın bir ana eli olacağını bilmezdim. Karlar donacağına, hâlâ eriyor. Artık, saçaklardan pıt pıt düşen damlalar. İçerden dışarı uğrayan, yanmış gaz kokusu. Taa ilerde, yokuşun altında, minibüs durağının orada sarı bir aydınlık. Direğin üstünde: Demek yol lâmbaları sönmemiş. O duraktan sonra, bir köşede yolları ayrılacağı sıra, kapat şu Ayten lâfını artık, demesine aldırmaksızın yine üsteleyişi Emine'nin:

"Ben senin yerinde olsam, varırdım Ziya abiye, bu kızın çalımını yanına koymazdım!"

Az önce, Cebeci'nin orda, minibüs beklerken Ayten, Salih'in kolunda geçmiştir. O gülüşüyle...

"Bak" demişti Sultan, hem kaşları çatık, hem Emine'nin açık kalmış yakasını ilikleyerek. "Bak bana Emine, ben, ne bir adam borçlarımı ödesin, ne babama baksın, diye evlenirim onunla. Ne de Ayten'in çalımını ezmek için. Ben canım ne zaman isterse o zaman evlenirim. Canım ne zaman ister? Onu da o zaman olduğunda görürsün."

İşte, o zaman, Emine'nin öyle şaşkın şaşkın bakışı. Aşağıda, soluk ışığı titreyip duran elektrik direğinin az berisinde. Şekerim Emine. Şimdi bu aynı karanlıkta, televizyon camının içine çekile çekile söndüğü bir odada, saç diplerini kaşıya kaşıya düşünüp duruyordur. En çok kızdığı da, bu dünyaya kız gelişi. Erkek olsaymış, bunu ne Salih'in, ne Ayten'in yanına koyarmış... Kız olmuşun, erkek olmuşun, ne ilgisi var Emine? De şimdi bana, senin gösterdiğin yiğitliği kim gösterdi peki? Salih mi? Al sana erkek. Kafasını omuzlarının arasına çekmiş, sanki art arda düğme dikiyormuş gibi duran Ahmet'le Remzi mi? Hangisi? Bize yeni işimizi de onlar mı buluverdiler yoksa? Gerçi artık ipeklilerle, jorjetlerle değiliz. Hep kot. Olsun. Kot olsun, tulum olsun. Biz onlara gerekliyiz. Benim asıl yandığım, yarın o Salih, Ayten'in karşısına dikilecek, onun nelerini aldığını, neleriyle oynadığını unutmuş olup, suratına bir de tokat indirecek belki: Hep senin yüzünden, hep senin yüzünden değil mi? Elimdeki iki iyi işçimi kaçırttın bana!..

Vurmasın, vurmasın da... Vurmasın! Yoksa artık iyice Maltepe'ler, iyice Tunalı Hilmi'ler... Fünye nedir sahi? Nasıl patlatırlar?

Sultan bir süre Mamak çayının akışını dinliyor. Çayın akışı mı, kulaklarından bir türlü silip çıkaramadığı tüfek sesleri mi? Yoksa işte, eriyen kar. Şıp şıp damlayışı suların. Belki bitti, hepsi eriyip gitti. Gökte yıldızlar. Esinti, bütün bulutları sürüyüp götürmüş. Geride sıvama yıldız kaplı bir gökyüzü bırakmış. Pus, az daha dağılsa, yıldızlar az daha alçalsalar, derin karanlık açılacak. Taa ilerdeki sarı ışıkla pencere arasındaki katıksız karanlık usuldan aklanacak. Yarın güneşli olacak. Fakat yerler de dizboyu çamurlu...

Camı kapıyor. Hırkasına sarınıyor. Lâmbada gaz cızırdamaya başlıyor. Söndü, sönecek: Şu mumu bulsam. Kendime bir çay yapsam. Sabah da babama desem ki: Ziya'nın bir kusuru yok. Fakat insan, bir ceket ucuna, bir etek ucuna ağırlık etmeden yaşayabilmeli ki, yaşıyorum diyebilsin. Sen iyileşmeden, ben borçları ödemeden evlenmem baba. Ne zaman ki doğru dürüst bir isteğim var, onu istemeye yüzüm olmalı. Ziya da, beklerse bekler; beklemezse, eh ne yapalım, demek o da eş değil, boynu eğri birini istiyor. İnsan bu, hiç belli olmuyor ki babam benim!

Şuralarda bir mum olacaktı ama...

Sabah, Emine de sorar: O zaman, ne zaman peki?

Bilmiyorum ki.

Sonra yine sorar: Ayten çıksa gelse, ben ettim, sen etme, dese... Elinden tutar mısın? Yüzüne bakar mısın Sultan abla?

Sultan durdu, düşündü: Sahi, elinden tutabilir miyim, yüzüne bakabilir miyim?

Özür dileriz, özür dileriz. Yanlışlık oldu.

Lâmba, bir iki ıpıldadıktan sonra büsbütün sönüyor. Mum nerde?

O kızla oğlanın körpecik, çocuk yüzleri. Sultan'ın öfkeyle, kınamayla sevgi arasında sıkışıp kalışı. Tutup onlara çay yapışı. Ne biçim iş bu? Şimdi birşeyi devireceğim. Babamı uyaracağım. Ne uzun sürdü bu kesinti...

Emine yine sorar: Söylesene Sultan abla, de ki çıktı geldi, özürler diledi, yanlış yaptım, bilemedim abla, dedi... Yüzüne bakar mısın?

Kaputbezi örtülü masanın ardındaki kızın elleri, herhalde ince uzun bir ipliği çekip duruyor, gözleri ise kamerada. Sultan'a bakıyor. Herkese. İşte mum.

Desene, ne yaparsın Sultan abla?

Bilmem ki! Üsteleme Emine, bilmiyorum işte!

Elektrikler tam o sıra yandı. Sultan'ın bir ân gözleri kamaştı. Yumdu gözlerini. İçinde sarımtırak bir karanlık: Üsteleme Emine, bilmiyorum işte!

Baktı, Emine'ye gülümsüyor. Hani düşlerde olur, hem düşü görürsün, hem düşteki kendini; işte öyle.

KARANFİLSİZ

"İşim mi?.. Eh işte..."

Caddede, kalabalık arasında kulağıma çarpan söz, bu. Bukadarcık: İşim mi? Eh işte... Öyle, sapı kırık, taçyaprakları dökük bir ses.

Dönüp bakmadım. Kim olduğunu görmedim.

Küçük bir işmiş. Önemsiz bir iş!

Kasa yapımında çalışan kaportacı arkadaşı, sabah akşam karşısına geçip de, inatlı, sabırlı, ona bunu öğretmeye kalkana dek, önemsiz bir iş yapmakta olduğunu bilmezdi. Kendisi için önemliydi, güzeldi, iyiydi. En iyi bildiği işti.

Atlı araba, kamyon kasalarını süslüyordu. Yeşiller, sarılar, maviler, kırmızılar, akarsular, göller, dağlar ve karanfiller onun da içini süsler, günlerini güzelleştirirdi. Bu arabaları, kamyonları sürenleri de sevindiriyor olmalıydı. Yoksa, önünde neden sıraya girsinler, neden, gölün içinde bir kuğusu da mutlaka olsun, desinler?

Önüne getirilen her kasa tahtasını boyardı. Çiçekler, böcekler, dantela kıvrımlarla çektiği çerçeveye bir karanfil de kendinden katardı. Dedesinin işiydi. Sonra, babasının da işiydi. Dalları boyarken, göl kıyılarına sazları atarken, dedesi gecenin bir ortasında, ak donuyla çıkar gelir, denir ki hâlâ sağ, başının ucuna dikilirdi:

"Gölün şıpırtılarını unuttun. Suların salınışını unutma. Boyayı da iyi ov. Renkler sevinsin" derdi. "Baştan savma! Dolunayı suya düşürmeyi unutma!"

Gözleri çakmak çakmak ona bakardı. Hoşgörmez bakışlarına karşın, babası gibi, dedesinin de kendisiyle övündüğünü bilirdi. Dağbaşlarına döne döne çıkan yolları, maviliklerde süzülen bir tepkili uçağı ikisi de akıl etmemişti. O yolların dönemeçlerini ne de yumuşak alıyor kamyon!.. Kamyon kasası üstündeki, bu yolları döne döne çıkan kamyon da çok süslüydü. Çiçek demeti gibi... Tepkili uçağın ardındaki ak çizgiyi pamuksu bulutlar böler. Böylece, dereleri hevesle ovar parlatır, suları gümüşsü yansımalarla çıldırtırdı. Derken gözleri bulanır, sırtı ağrırdı. Şimdi, gözbebeklerine oturmuş bulanıklık aynı şey mi, bilinmez.

Babası, fırçayı eline verirken:

"Gönlünce yap. Başka şeye kulak asma" demişti.

Artık babası da yok. Kasa yapımında çalışan arkadaşı ise tepesinden hiç eksik olmuyor. Ne ki, "Çiçeğin göbeğini unuttun, mavinin dengesini kaçırdın" demiyor. Daha küçükken, işte bu kasa yapımına girmeden önceleri; sularına, karanfillerine duyduğu hayranlık eksile eksile bitmişti. Nicedir ak kanatlarını şişirmiş bir kuğuya coşkuyla el çırpmıyordu. "Şuraya da bir yelkenli..." demiyordu. Dudağının kıyısında aldırışsız bir gülümseme takılı oluyordu. O, önceleri bu gülümsemenin, süsleme işini küçümseme demeye geldiğini bilmiyordu. Aldırmıyordu. Herbir yanı renklere, ışınlara, biçimlere batmış bulanmıştır. Boyaları kendisini savunur. Gönlünde yepyeni karanfiller uçverir. Taçyapraklarının kıpırdanışını, sapların yumuşacık eğilişini, çağlayanların sesini değiştirir durur. Kaportacının "Cık cık cık..." deyişlerini işitmez.

Bir akşamüstü, aynı biçimde karşısına dikilmişti. O ise, derenin üstüne küçük bir köprü atıyor, köprüyü ıslıklarla geçiyor. Ağzında bir türkü. Karanfillerse kulaklarının arkasına takılı. Dereyi, dolunayın sulardaki şavkını onlarla taçlandıracak. Hazırdılar. Çerçeveyi çekecek, köşelere birer de yıldız konduracak.

Kaportacı:

"Boşuna çaba" dedi. "Boya, boya. Hepsi süs için!"

İlkin şaşırdı. Onun kasa yapımındaki yorgunluğunu şurdaki serin sularla giderdiğini, içini dışını ovup yıkadığını sanmıştı. Derken ürktü. Yüzüne bakmadı onun. Direndi. Karanfillerinden birini kulak ardından çekip resimli tahtanın üst başına kondurdu. Birini de, henüz tomurcukta olanı, gönlünden çıkardı, alt yana kondurdu.

Beriki kıs kıs gülüyordu. O, başını hiç kaldırmıyordu. Coşkusu yırtılır diye ürküyordu. "El değmiş coşkuya yama vurulmaz!" Dedesinin sözüydü.

Kaportacı, bir başka gelişinde:

"İş mi bu senin yaptığın?" dedi.

"Kötü mü boyuyorum? Kuğular çirkin mi? Kuşlar ölü mü?"

Yine başını kaldırmamıştı. Öteki yine güldü. Gülüşü hoyrat. Böyle, güle güle çekilip gitmişti. O da, kuğuları daha ak, kanatları daha parlak yapayım derken, bozdu. İlk bozuşuydu. Arkadaşı giderken: "Bizim atölyede tabancayı sıkarsın, bir saatte boyar geçersin koca bir kasayı" demişti. Aklı buna takılı kaldı. Güneş biraz solgun doğdu. Keçiyolunun ucunda açan gül yaşlı oldu. Bir de bayrak gerekliydi. Bayrağı nereye sıkıştıracağını bilemedi. Gönlünde karanfiller. Yine hazırda. Yine ordan alınıp kulak ardına takılmayı, ordan da çekilip köşelere iliştirilmeyi bekliyor. O gün buna yüreklenemedi. Karanfilleri olduğu yerde bıraktı.

Kaportacı tanışı, bir başka gelişinde:

"Ne işe yarar bu çocuk resimleri?" dedi.

O da gönlündeki bir karanfile öfkeyle sarıldı, çekip alırken sapını kırdı. Fırçasını bir yana koydu:

"Nilüferli sularını, ayın şavkı vurmuş dağbaşlarını, bitmez yolları kısa etmeye yetmez mi?"

"Yolun daha kısası var" dedi beriki de. "Araba, kamyon sahiplerinin ise zamanı dar. Bak, gittikçe azalıyorlar önünde kuyruk olmaya. Bizim atölyede çarçabuk teslim ediyoruz kasalarını. Niye beklesinler? Bu işten murat tahtayı çürütmemekse!.."

Murat, tahtayı çürütmemek ha!.. Bu kadarcık mı? Nilüferli göller hiçbir şey demek değil mi? Sapları tomurlu al al karanfiller?..

"Bu resimleri hâlâ seven sürücüler var" dedi, sesi ölgün.

Çayır çimenleri, çimenlerdeki ak kuzuları boyamaya koyuldu. Öteki yine gülmüş, yine güle güle çekilip gitmişti. O da, gümüş suların aktığı ovaları daha iri karanfillerle çerçeveleyip bezedi. Sapların boynu biraz büküktü. Şaştı. O gece, eli ayağına dolanarak dört bir köşeye altın sarısı birer yarımay kondurdu. "Gönlünce yap, başka şeye kulak asma!" Babasının sesiydi. O da başını kaldırdı, kuşkuyla baktı babasına. "Dünya gönlümüze mi kalmış baba?" diye sordu. Yanıt alamadı. Renkleri ovdu, fazla ovdu.

Kaportacı birkaç gün hiç uğramamıştı yanına. Onun da içindeki kuşku biraz yatışır gibi oldu. Gönlünde tomur tomur yeni, pembe karanfiller açtı. En pembelerini tahtaya geçirirken fes rengine boyadı. Boyarken kendini yorgun duydu. Bu kasayı bugün bitirmeliydi. Yetişmedi. Kasa resimlemede ününü duymuş biri, eski boyaları dökülmüş kasasını süsletmeye getirecekti, getirmedi. Belki yarın...

O yarın olunca, boyanacak kasa değil, yine kaportacı çıkageldi. Günbatımıydı. Dosdoğru atölyeden geliyordu. Günboyu tam altı kasa boyadığını söyledi. Tek renk üstüne. Tabanca boyayı sıkıyorsun, vızzt, vızzt, vızzt, bir uçtan giriyor, öteki uçtan çıkıveriyorsun. "Erkek işi" dedi. Ona, fırçasının ucunu şaşırttıracak denli çok konuştu. 'Erkek'in altını iyice çizmişti. Üstüne bastıra bastıra söylemişti.

Fırçanın ucu iyice titredi. Bir kuşun kanadı kırıldı. Kanat, başını alıp gitti. Onu yakalayamadı. Kulağının arkası yandı, kaşındı.

"Hem, kasa boyamak yetmez" diyordu beriki. "Kasayı yapmak da gerek."

Neden yetmezmiş, anlamıyordu. Erkekliğinden ne artmış, ne eksilmiş? Kasa yapmasını bilmiyordu. Kasaları süslemesini biliyordu. Gönlünün karanfillerini...

"Boyaları dökülmüş eski kamyon var ya? Hani adam senin şu kuşların, çiçeklerinle bezetecekti?.. Kasayı bize getirdi. En aşağı bir hafta işinden olmak istemiyormuş. Yük çekecekmiş. Resimletmektense... Biz bir günde yeşili çekip verdik. Boydan boya... Pırıl pırıl. Sevine sevine gitti. Hem de ucuz."

Ucuz ha? Hem de ucuz!

Dedesi de, babası da çok silik geçtiler gözlerinin önünden. Sanki hiç yaşamadılar. Gülleri, nilüferleri hiç açtırmadılar. Sular hiç yaldızlanmadı. Tepsi gibi bir ay hiç doğmadı dağbaşlarından. Sular hiç çağıldamadı.

Yokluğa karşı durdu; çimenlerde iri papatyalar açtırdı. Önündeki son kasaydı.

Yarın yenileri olur. Yeni kasalar gelir.

Gele gele gürgenden bir çeyiz sandığı geldi. İşi uzattı. Bitmesin diye, sandığı bildiği bütün renkler, biçimler, pırıltılarla donattı. Karanfiller bu kalabalık arasında yitti, gitti. Yine de bir türlü bitirmedi önündeki işi.

Caddeler, sokaklar nekadar kalabalık. Dükkân, vitrin önleri omuz omuza insan. Yüzler pek renksiz, ışıksız, gözler pek pırıltısız.

İşim mi?.. Eh işte...

ÇOK ÖZEL KÜÇÜK ŞEYLER

Çıt.

Ayağının altında kuru bir dal kırılıyor.

Çıt.

Yeniden kırılıyor o kuru dal.

Çoktan göl kıyılarında, ormanlarda; sular, ağaçlar ve kuşlar orkestrasına bir dalın ayakaltında kırılışı da eklendi işte: *Çıt. Çıt.* İncecik bir dal. Hiç esnekliği olmayan, başladığı yerde titreşimsiz bitiveren tınlaması onun.

Oysa yürümüyor. Dikildiği yerde put gibi duruyor. Namlunun ağzı bir metre uzağında; tam göğsüne çevrili. Çiçekli bluzun üstten açık iki düğmesinden azıcık şu yana, sola.

Tek kıpırtı yok. Esinti dalları sallamıyor. Kuşlar ötüşmüyor. Sular fısıldamıyor. Kan, damarlarda akmıyor. Donuk göz mercekleri, anlamadan baktığı her şeyi eşdeğerde çiziyor kendi haritasına. Tek gözünü kapamış, ötekini namlunun nişangâhına saplamış, ağzını, dişleriyle çok sağlam bir ipi koparıyormuşçasına aşağı, yana doğru kasmış delikanlının yüzü, namlu ağzıyla aynı boyutlarda. Çok uzakta, başka bir yerdeki göl ve ormanlar, hemen önünde duruvermiş arabayla aynı ağırlıkta. Saçları kısa kesilmiş, buğday tenli delikanlı; bir kunduz avcısı. Kunduz avcısı kunduzla aynı noktada. İkinci 'çıt' sesi olup bitince ise; ayak altındaki o tek, incecik kuru dal artık yok; orman yok. Müzik de. Çok geniş bir boşluk. Kendini duyuran en büyük sessizlik.

Orada bekliyor. Sokağın başında. Önünde duruveren arabanın geçip gitmesini bekliyor. Sessizliğin yırtılmasını, boşluğun dağılmasını.

Sokak dar. Araba hemen önünde durduğu sıra, karşıya geçmek üzereydi. Bir ormanın içinden; kuzukulakları, kalabaklar, borsaçlar arasından. Önünde dağlaleleri, çobanyastıkları. Yukarda, başının üstünde çam, köknar dalları, kulaklarında yaprakların hışırtıları, üveyikler sonra, arıkuşları. Ağzında hemen hemen bir ıslık. *Çıt.* Kunduz avcısının ağzındaki kasılma ise sürüyor. *Çıt.* Tek gözü kapalı.

"Olmadı, çek!"

Namlu iniyor.

Kargalar havalanıyor. Kunduz bakıyor. Ateşin ardından yere düşen tek kuş bile yok. Bir araba. Sağa kıvrılıyor, hızla fırlıyor yukarı. Tekerleklerin asfaltta hırçın sürtünüşü, lastik kokusu. Kendi ayaklarının altında kaldırım taşları. Dağlaleleri, çobanyastıkları yukarı doğru hızla fırlayan arabanın esintisinde savruluyor.

Pek az önce, anacadde boyunca, yukardan aşağı doğru iniyordu. Tepedeyken, zamanı tam bilmeden geçince oradan. Muhafız Alayı'nın akşam bayrak töreninde adımlarını şaşırmış, sol-sağ, sol-sağ'lar yerine bildik adımlarını bulmaya çalışarak Alay bandosunu iyice geride bırakmış: Bitti işte. Yeni bir çalışma. O ağır yük kalktı. Şimdi yencecik.

Birbirine koşut dört sokak geçti. Beşinci sokağı geçmek üzere. Caddeyle bu sokağın kesiştiği noktada: Ne güzel bir yaz akşamı!

Batan günün son ışın kalıntıları, yüksek yapıların asmakatlarında, çatılarında, önleri açık sokak uçlarında. Yanık yaprak kokusu silikleşiyor. Tozlar yatışıyor. Asfalt, ateşli gömleğinden sıyrılıyor. Kentin bütün gün yanıp durmuş alnına sirkeli bir tülbent konuyor, serin bir el değiyor. Ay, yapıları ite kaka kendine geçitler açarak yükseliyor. Ölez ışınları, akşamın loşluğunda eriyor.

Yukardan, Muhafız Alayı'nın yanından çabuk çabuk geçerken, çiçekli bluzunu tenine yapıştıran, azıcık nikotin, epey de katranlı sabun kokan teri, saç diplerinde incecik buharlanıyor. Orta dereceli ısıya ayarlanmış soğutucunun içine şimdi konan ılık su şişesi. Bir gülümseyiş: Dolabın kapağını açsak, şişenin üstünden sezilir sezilmez buharlar yükseldiğini seçebiliriz. Yarın sabah, gölü çeviren dağlar da böyle olur. Dumanlı. Sonra, dumanlar usul usul açılır. Dağ uçları seçilir. Pencere önlerinde kırlangıç kümeleri dönenir. Kırlangıçsinekleri, suların yüzünde içiçe geçmiş minik halkalar çizerler. Akşamları yabanördekleri. Onlar dümdüz çekerler artlarında çizgilerini. Minicik, kâğıttan kayıklar... Güm, diye bir silah sesi işitilir sonra. Ormanda bir kunduz vurulmuştur. Kargalar hep birlikte havalanır. Üveyikler. Kırlangıçlar pencere önlerine daha yakın gelirler; daha hızlı dönenir, çığlık çığlığa ötüşürler. Dağların ardına inmekte olan güneş, merdivenbaşında bir ân yerinden sıçramıştır. Azıcık ürperir. Çabucak da yatışır. Yukarlardaki aydınlığı, hiç kendini yormadan, katlayıp katlayıp bir yana koyar. Geride, boşaltılmış odaların serin loşluğu kalır.

Araba. Beşinci sokağın ağzında duruverişi onun. Ön camından bir namlunun uzanışı. O sıra. Sokağı geçmek için bir adım atmışken geri sıçramak. *Çıt.* Orada durmak. Soğutucunun içi, umulandan çok daha soğuk olmalı. Donma derecesinde. Şişe de, şişenin içindeki su da kaskatı.

Çıt. Duruyor. İkinci bir kez geri sıçramadığını biliyor en azından. Bir dalı kırmış olamaz.

Teri, tuz tanecikleri gibi pıtır pıtır dökülüyor. Tuz pulcukları, artık kokusuz, iç çamaşırlarının arasından kayıp duruyor. Cansız nesneler.

"Çek" diyor bir ses, "olmadı!"

Araba sağa kıvrılıyor. Hızlı bir dönüşle. Yukarı fırlayıp gidiyor.

Portakal rengi,
tavanı kara,
büyük,uzun,
plakası 06 SL 26.,
son rakam okunamadan.

Artık karanlık. Sayılar seçilemiyor.

Ancak bukadar aydınlık. Plakanın son rakamı eksik seçilebilecek kadar.

Gittiler. Sokak boşaldı, iki adımda karşıya geçti o da. Kolunun altında, arkadaşına ödünç götürdüğü kitap. Düşmemiş, yerinden milim oynamamış.

Arkadaşı bir alttaki sokakta oturuyor. Oraya doğru iniyor. Bir üst sokağın ucunda hiç duraklamadı sanki. Hep yürüdü. Ayaklarının altında ince, kuru bir dalı kırarak: *Çıt, çıt.*

Yeni bir yapı. Üçüncü kat. Arkadaşı bu katta; onun getireceği kitabı bekliyor. Ormanda, bir kunduz avcısıyla yüzyüze geldiğini bilmiyor; bu yüzyüze gelişte en küçük bir irkilme olmadığını, sıçramadığını, kitabı düşürmediğini, kolunun altında daha sıkı tuttuğunu, pencere önlerinde kırlangıçların sağır bir sessizlikle dönendiğini...

Eve çabuk dönmeli. Çöpü dökmeli. Sökük fermuarını dikmeli. Bir not yazmalı sonra. Sonra, yanında götüreceği kitapları seçmeli. Çantasını hazırlayıp geceyarısı otobüsüne yetişmeli. Gidecek. Su kıyılarına.

Ne çok trafik.

Yokuş yukarı delice tırmanıyorlar.

"Hemen gelirim, kitabı getiririm" demişti arkadaşına. Onun vakti yokmuş. Yeğeninin nişan törenine yetişecekmiş: Lütfen. Sen kentten gitmeden kitabı getirebilirsen nekadar sevinirdim!

Bekliyordur. Gecikti.

Zaman dar.

Beşinci sokağın başında, araba önünü kestiği sıra küçük birşey oldu. Çok kısa sürdü. Yine de orada uzun beklemiş, fazla gecikmişlik duygusu. Herhalde gecikti.

Evden çıkmadan önce, küvette tas tas biriktirilmiş suyla yıkanan saçlar: Katranlı sabunla yıkamalısın saçlarını. Hem dökülmez, hem kepeklenmez.

Yazılması bitmez bir kitap bitti. O ağır yük gitti; artık su kıyıları, ormanlar derken, içindeki erinci karıştırıp bulandıran böyle bir öğüt. Saçlarını hep iki tarakla tepesine topuz yapan eski bir arkadaşın en silik resmi. Ne çok şey bilirdi! İyilik dolu, yıldıran, insanın yakasını koyvermeyen öğütler. Neyse, bitti. Yine de katranlı sabun işte. Alışıldı bir kez. Hiç hazırlıklı olunmadığı sıra geliveren sıcak ilgilere daha çabuk, beklenmeden geliveren soğuk esintilere daha geç. Nerdedir şimdi bu kadın? Bu da bir giz. Böyle bir giz. İlgi çarpı övgü çarpı öğütle yaşamının beş altı yılı içinde rahatça gezip dolanmaları onun; benim elimden yazmak gelmez, senin yazdıklarını sevmek gelir, diye diye; kendi seçtiği bir zamanı armağanlara boğduktan sonra, gidişin hesabı verilmeden yokoluş. Karanlık. Son rakam okunamadan. Gelişin ve her armağanının hesabını vermişti oysa. İstenmeden. Bozkırın kimbilir neresinden derlenmiş, sedefimsi yapraklı bir kucak kuru diken: Sen yazarken beynini, yüreğini acıtıyorsun; ben de birazcık parmaklarımı acıtayım, dedim.

Sonuç? İşte katran kokuyor. Göğsünde bir sancıyla.

Fakat yaz akşamı ne güzel! Elçiliklerin bahçelerinde çimler sulanıyor. Sarmaşık gülleri tozlarını silkeliyor; al ve şeker pembesi olarak dolanıyorlar demir parmaklıklara. Taçyapraklarında su damlacıkları ve ânlık bir duygu: Şurdan, biri pembe, biri al iki gül koparıp götürsem arkadaşıma, kitabın yanına güzel bir yaz akşamı katsam...

Elini demir parmaklıklara uzatıyor, geri çekiyor: Aynı ânlık duyguyu yaşamadı ki o. Şimdi bu güllere ya burun büker, ya sürgit anlamlar yükler. Sonra da, üstünde hep katranlı bir sabun kokusu. Her namlu ağzında kırmızı, pembe iki gül yani.

Oysa ortada yalnız iki '*çıt*' sesi. Bir de plaka numarası: 06 LS 62.,

son rakam okunamadan; karanlıkta.

"Gel" diyor arkadaşı. "Gir. Tıraş oluyordum da. Burada durabilirsin."

Banyonun eşiğinde dikiliyor. Tıraş makinesinin vızıltısını işitiyor.

Grüner Apfel.

Green Water.

Vétiver.

Kullandığı bütün sabunlar, sular, kokular yeşil. Aynadaki yüzüne bakıyor onun. Yumuşacık gülümsüyor: Yemyeşil bir arkadaşım benim.

Önceden, ona karşı hiç duymadığı, sonsuz enginlikle geliveren bir sevgi. Kendi başına buyruk, uzayıp giden.

"Gitmesem olmaz. Biricik yeğenim. Çok da severim" diyor arkadaşı.

Bunca yeşilliğe ve çok sevilen bir yeğene karşın, aynadaki yüzü gergin. Sesi hemen hemen öfkeli. Musluğun önünde atletiyle durmuş, elektrikli makineyi vız vız sürtüyor çenesine. Dilini avurduna götürüyor, yanağını şişiriyor. Makine şimdi o gergin şişliğin üstünde. Yüzü gittikçe ağarıyor, parlıyor, ama orada bir şenlenme, aydınlanma olmuyor.

Sağlıklı omuzlar. Saçlarsa erken dökülecek. Tepesinde seyrelmiş.

Üst sokağın köşesinde olan şey çok uzaktan seyredilmiş. Sanki öyle. Arkadaşının sağlıklı omuzları, tepesinde seyrelmiş saçlarıyla bir ortaklık kuruyor. Ötekiyle hiç. Hâlâ, hiç. Öyleyse seyretmedi. Ta içinde oldu. Öyle değil mi?

Arkadaşına tam bundan sözedecekti, böyle soracaktı; gelgelelim onun, sağlıklı omuzlara, bunca titiz tıraşa karşın bir türlü aydınlanmayan yüzü, o küçük şeyi ayaküstü uydurulmuş bir öykü olarak almaya yatkın görünüyor. Bu omuzları silkip geçebilir: Hadi canım! Hem seni neden vurmaya kalksınlar sanki? Niye seni seçsinler?

Seçilenler kimler peki? Adları bilinmeyen bir kahve dolusu adamla o kahvede çayları dolaştıran çocuk mu?

Uzun süre bakıp kalıyor. Aynada tıraş olan yüzü son kez görmesine izin verilmiş de, en küçük çizgisini unutmamak için onun; çabuk solan silik bir resim durumuna gelmesini önlemek için...

"Saçlarını arada sırada katranlı sabunla yıkamalısın" diyor ansızın.

Ardından bir esneme. Uzun uzun esniyor. Gövdesinde bir gevşeme başlıyor. Kitabı koltukaltında ezesiye bastırdığını, kaslarının tutulduğunu o zaman anlıyor en çok.

"Benim çalışma iyi yürümüyor" diyor arkadaşı. "Gerçi eğildiğim konu çok önemli, şiddetin anatomisi, çok çok önemli. Fakat kitap bir türlü istediğim gibi yürümüyor. Bilgileri anlamlı biçimde dönüştürmek..."

Yüzü hâlâ gergin.

"Bir bitirsen, hafiflerdin..."

Ben bitirdim, hafifledim, demek istedi sanki. Arkadaşının tedirginliğini kaşımış, kabuğunu büsbütün kaldırmış olabileceğini düşündü; iyi yürümeyen bir çalışma nedeniyle bunaldığını, ona karşı daha dikkatli davranması gerektiğini. Oysa, uzun uzun esniyor yine. Başına buyruk o engin sevginin sınırları daralıyor. İçine çekiliyor. Göğsüne doğru çevrilmiş bir namlu ağzına esnediğini sanıyor. Aynanın içinden ilk kez kendine bakan gözlere, esnerken yakalanıyor.

Arkadaşı hemen çeviriyor bakışlarını. Soruyor:

"Kaçta bineceksin?"

"Geceyarısına doğru."

Geceyarısına doğru ay, iyice yükselmiş olur. Bozkırı boydan boya Kuzey gecelerinin aydınlığı basar. Bu aydınlık ortasında tek tek geçer bozkır ağaçları. Sağına soluna bakmadan.

Çıt.

Sıçrıyor.

Arkadaşı tıraş makinesini kapatıyor.

"Bitti işte."

"Sağlıklar olsun."

İçinde bir ıssızlık. Beklenmedik bir derviş serinliği. Gövdesinde giderek artan bir gevşeme.

"Olmadı, çek" diyor bir ses.

Arabanın içinde, dişiyle iplik kırıyormuş gibi duran genç, namluyu indiriyor. Boyaları dökülmüş bir tabanca. Siyah boyanın altından yer yer tuğla rengi astarı görünüyor. Apaçık. Çok daha açık. Şimdi. Arkadaşı tıraş makinesini kutusuna yerleştirip kapağını kapatırken: *Çıt. Çıt.* Hep iki kez.

Ahırkapı Feneri'nin oralarda, geniş kıyı yolunda bekliyor. Ummadığı bir ânda önünde duruveren Landrover. Onun kapısı. *Çıt,* açılıyor. *Çıt. Çıt.* Kapanıyor. Kıyı yolu boyunca gidiyorlar; yanında ne güven, ne güvensizlik veren bir adam. Az önce, bu kıyı yolunda karşıdan karşıya geçmenin amansızlığı; o bitmiş şey. İçine birazcık ürperti taşıyan bu olmalı. Landrover önünde durunca, sonra, içinde giderlerken yoğunlaşan. Arkadaşı, hoşnutsuz bir ses, gergin bir yüzle sorar sormaz: Kaçta bineceksin otobüse? O zaman, içinin derviş serinliğine belli belirsiz karışan ilk ürperti. Kıyı yolundan hızla geçiyor araçlar. Ardı arkası kesilmiyor. Yüzercesine geçmek bu geniş yolu. Sonra karşıda durmak. Beklemek. Çok beklemek. Araçlar hep geçiyorlar. Ama otobüs geçmiyor. Dolmuş geçmiyor. Yarım saattir boş bir taksi de geçmiyor. Sırtı denize dönük. Denizden doğru sert, tuzlu bir rüzgâr, ilikleri titriyor. Motorlu sürünün dışında. Tek. Yüzü, önünden akıp duran araba selinden yana. Surlardan yana. Surların gerisinde viraneler –şimdi, eliyle koymuşçasına biliyor artık–, kulağı salkım küpeli bir genç kız.

"Burası anayola çıkar mı acaba?" diye sormuştu ona.

"Ananın örekesi!" demişti kız da. Tel bileziklerini şıngırdatıp kalçalarını sallayarak gitmişti.

Karanlık oldu. Issız. Viranelerde ne dokunduğu belirsiz. Düğülüp dolaşmış çilciler.

Akbıyık Camii'nin oralardan, ceketleri omuzlarında, sırım gibi üç adam gelmekte. –Arabada, arkada üç kişi.– Yumurta topuk ayakkabılarının arkalarına basmış, yandan çarklı iniyorlar. Sanki, parmak uçlarında hâlâ ak bir tozun ya da kara barutun izleri. Artık çok şeyi böyle algılatan bir zamanın içinde, sırıtarak üstüne üstüne geliyor adamlar. Yazmacı kızın, "Ananın örekesi!" deyişi bu denli ürkütücü değildi. Ama bu sırıtmalar adamakıllı korkutucu. Arabadaki üç kişi, hiç. Namlunun ucuyla yüzyüze gelince hiç. Tek duygu yok.

Soluk soluğa koşuşu aşağı doğru. Anayolu hiç bulamayacağım sanış. Fenerin oralarda, karşıya geçebilmenin amansızlığı... Bildik, tanıdık ürpertiler hepsi. Yitmişlik duygusu. Derken, beklemediği ânda önünde duruveren Landrover. İçinden bir baş uzanıyor. Namlu değil. Üstüste sökün eden ürpertiler henüz hiç yatışmamışken, karanlıkta kendisine doğru uzanan bir yüz. Bir çığlık atacağını bile sanmıştı.

Dar sokağın başında duruyor. Bir arabanın ön camından doğrultulmuş namluya bakıyor. *Çıt.* Yalın, aydınlık tek şey geçiyor içinden: Ayaklarının altında bir dal kırıldı.

Landrover'in içinden kendisine doğru uzanan yüz, herhangi bir yüz. Adamın üstündeki ise, üniformaya benziyor da, benzemiyor da. Öyle, bir takım elbise.

"Nereye gidecektiniz?" diye soruyor adam.

Ne yapacak? Niçin soruyor?

Sirkeci'ye dek giderse, götürebilirmiş.

"Bu saatte buradan binebileceğiniz bir araç kolay kolay geçmez."

Duraksayış: Neden geçmesin? Kentin ortası. Ama, geçmedi işte, geçmiyor.

"Daha beklemeyin isterseniz."

Demek, epeydir beklediğimi biliyor. Gözetlemiş. Ahırkapı surlarının ardından çıktığımı da görmüştür o zaman. Bu kentten olmadığımı anlamış mıdır? Fakat artık kim bu kentten? Herkes yeni.

Bebek sırtlarındaki korulukta, en güzel yapılardan birinden çıkıp o iri, azgın köpeği tutan kadın yeni:

"Karslıyız biz."

Sabahtı. Koruda bülbüller ötüyordu. Geniş balkonlar, pencereler, güzel saksılarda çok güzel çiçeklerle aşağıdaki koya bakıyor. Köpeği tutan kadının bacaklarında çiçekli geniş bir don. Eteğini onun üstüne geçirmiş. Saçlarını bir yazmayla kundaklamış. O çok süslü, yeni yapı kendilerininmiş.

“Köpek seni parçalayabilirdi” demişti, hayvanın tasmasını sıkı sıkıya tutup.

“Sizin mi?”

“Bizim. Köpeksiz oturulmaz ki. Korkulur. Ne olacağı bilinmez.”

Komşusuzluğa ve bu kente bir türlü alışamamış. Yukarı çıkıp ille bir kahvesini içmesini de istemişti. Köpekse hâlâ, keskin dişlerini çıkarmış, üstüne atılmaya hazır bekliyor. Korkunun yatışmasına izin tanımıyor. Kadın, kocasının ne iş yaptığını bilmiyor.

Çıt. Çıt.

Landrover’in kapısı kapandı sonra.

Takım elbiseli adamın yanında. Sahil yolu boyunca gidiyorlar. Tetikte, adama güvenmeye zorluyor kendini.

“Nerden geliyordunuz?”

“Neden geciktin peki?” diyor arkadaşı da.

Onun yeni tıraş olmuş yüzüne şaşkınlıkla bakıyor, yeni bir esnemeyi tutmaya çalışarak. Banyoyu mis gibi Green Water kokusu dolduruyor.

“Cağaloğlu’ndan” demişti Landrover’i süren adama, yan gözle bakıp.

Yukardan dolandım da, diyor arkadaşına.

“Hep yaya mı?”

Çalışman bitti, şimdi keyif ha?

Arkadaşının sesi azıcık madensi çıkıyor.

“Öyle” demişti Landrover’deki adama.

“Bu tarafa doğru inmek istediniz demek?”

Sesi hep, uzak bir aile dostunun sesi. Uzak bir aile dostu kadar da çok soru soruyor.

“Sultanahmet’e gelmiştim. Oradan yokuş aşağı indim. Salt bakmak benimkisi, gezmek.” Keyif.

Göğsüne uzanmış namlu ağzına bakıyor. Dürbünün tersinden görüyor aynı adamı. Belediye zabıta memuru imiş. Fakat üstündeki nekadar kendini ele vermeyen bir üniforma.

"Yenikapı'da bir kahveye bomba atılmış da. Bu kez ölen yok neyse. Camlar kırılmış. Çayları dağıtan çocuk biraz..."

Böyle diyor, usul bir esneme arasından.

Şangırtılarla iniyor camlar. İnsanlar üstüste düşüyorlar. Çayları dağıtan çocuğun bir eli kopuyor. Neyse, bu kadarına şükür.

Tam Sirkeci'ye yaklaşırlarken adamın söylediği.

Kolonyalanıp koluna saatini takıyor arkadaşı.

"Ooo" diyor, "amma da gecikmişim!"

Kahvede çayları dağıtan çocuk, saat takındığı kolunu birazcık burkuk tutuyor. Herkes görsün. İlk kol saati. Belki kimse yeterince dikkat etmedi.

Artık gitmesi gerektiğini anlıyor.

"Haftaya görüşürüz" diyor arkadaşına.

"Kusura bakma. Seni yordum."

Önceden söylemişti. Nişan törenine yetişeceğini yani. Yine de ondan, alışılmıştan öte bir yakınlık beklediğini kavrıyor. Kalsana, anlatsana, ne var, ne yok, demesini. O, bir cımbızla yanağında artakalan, derinin altına kaçmış bir kılı alıyor özenle. Aynada, bir noktaya çok dikkatle bakan bir çift göz.

İçini müthiş bir sevinç kaplayıveriyor: Belli, hurdayım. İşte, hiçbir şey olmamış, işte, arkadaşımın iki eli de sağlam ve ben onu görüyorum.

"Haftaya görüşürüz."

Yokuş aşağı iniyor yine. Islak çimlerin kokusunu hiç kaçırmadan, yokuş yukarı tırmanan araçların yoğun egzoz dumanı kokusunu hiç kaçırmadan; hepsini oburlukla yutarak.

Üç sokak daha iniyor. Aşağıda, küçük alanın ucunda duruyor. Karşıya geçmeyi bekliyor: Az önce birşey oldu. Burda değil. Beşinci sokağın başında. Olup olmadığından kuşku duyulacak kadar çabuk; aynı oranda küçük birşey. Ayağının altında kuru bir dal kırıldı. Yürümediği halde. Kurt köpeği. Green Water. Araba. Landrover. *Çıt,* Namlu. *Çıt.*

Yeni bir irkilme. Trafik polisinin sert, kesin düdüğü. İki kez.

"Geç, uyuma!" diyor düdüğün ardından da.

Bir türlü zamanında yanıp sönmeyen lâmbaların yarattığı kargaşadan usanmış:

"Oyalanmayalım, oyalanmayalım!" diye haykırıyor.

Alanı, bu kaskatı sesin buyruğu altında, adımlarını yeniden sol-sağ, sol-sağ atmakta olduğunu sandıran takırtılarla geçti. Ağzında bir kuruluk. Dili damağına yapışıyor. Giderilmesi artık bir ân bile bekletilemez o deli susuzluk.

Adımlarını düzeltiyor. 06 SL 62., yok, 92., değil, 29., son rakam okunamadan, uzun, büyükçe, tavanı kara, tuğla rengi, silahın boyaları dökülmüş, astarı yer yer çürük ayva renginde.

Evin kapısını açıp kapatırken, yeni bir '*çıt*' sesiyle: Bu neydi?

Bir fotoğraf. Dondurulmuş silik bir film karesi, orasından burasından devinmeye başlıyor. Elini kolunu sallayarak çıkıp gelen, hesabını vermeden çekip giden bulanık yüz. Topuzunda iki tarak. Kunduz avcısı. Usul adımlarla, kollayarak yaklaşan, kunduzu ürkütmeyen, namluyu doğrultan; olmadı, çek; kuru dalları kırarak, ardına bakmadan...

Neyse, diyor, iyi yürekli belediye zabıta memuru, bu sefer yalnız camlar kırıldı. Bir de çayları dağıtan çocuğun eli kopmuş. Büyüme çağında, büyümesi durmuş, ortalama bir el –soğuktan çatlamış, güneşten kararmış–, bir türlü konacak yer bulamıyor; ortalıkta dolanıyor. Koptuğu yerde parlak kayışlı bir kol saati. Tek bir zamanı gösteren. Patlamanın olduğu ânı...

Tetik iki kez çekildi.

Ay yükselmiş. Pencereden içeri dört köşe bir aydınlık dolmuş. Duvarlarda, eşyalarda silik bir mavilik: Giderken yanına hangi kitapları alsa? Bir Macar ressamının hayatını anlatan kitap var; savaşta vurulmuş ya da asılmış. Fakat nekadar küçük harflerle basılmış bir hayat. Gözlük camlarını değiştirmeli. Yola çıkmadan bir çay içmeli. Kirli çorapları da yıkamalı. Yazmalı. Bir not. Özel: Gelecek pazara kadar, özlemle.

Elektrik düğmesini çeviriyor. *Çıt.* Bilmeden elini hemen göğsüne götürüyor. Yokluyor. Yüreğinin usul usul attığını duyuyor. Parmakları ıslak değil. Kan yok. Ne yaptığını anlayınca gülüyor. Başını çeviriyor. Sedefimsi kuru yapraklarıyla bir kucak bozkır dikeni yandaki masanın üstünde durmaktadır. Gerçi çoktanberi eski sevinci verememektedir. Kocaman bir yığındır. Hemen hemen ağırlıksız. Göl kıyısında sis açılıyor. Gün ışınları kırlangıçsineklerinin incecik kanatlarına vuruyor. Mavi yeşil pırıltılar.

Dikenlere yeniden bakıyor. Elektrikler yanıyor, yine de parlamıyor kuru yapraklar. Ancak, o koskoca yığın şimdi bir yüz; tek gözü kapalı, öteki, namlunun nişangâhına saplı, ağız, dişleriyle sağlam bir ipi koparırcasına aşağı doğru kasılmış; –kaşlar yukarı kalkık–, eski bir dostluktan geriye kalan bulmacayı aydınlatıyor: Bütün armağanları gibi bu diken de onun, salt kendisine uygun gelmiş bir zamanın armağanı. Verilene uygun gelen bir zamanın değil. Armağan verilen şimdi, dar zamanda, dar bir sokağın başında, tam göğsüne çevrilmiş namlu ucuyla karşılaşıyor.

Kocaman diken yığını içinde birikmesi önlenemez nice toz, börtü böcek kabukları.

Yığını kucakladı, dışarı, kapı önüne bıraktı.

Hâlâ içinde, öncekinden de baskın bir kavrulma, iki şişe su içse kanmayacak gibi. Her uzun çalışmanın bitiminde bu. Bir kuraklık duygusu. Bir daha tek yeşerti filizlendirmeyecek, suyu emmeyen, kaskatı bir toprak olma duygusu. Asıl korkutucu olan da bu. –Sıcak su tasını ocağın üstüne koyuyor–, bir bardak su içiyor. Kanmıyor. İkinci bardak suyu içemeyecek denli de tıkanıyor. Her yeni çalışmanın ardından işte, tam bir ölüm;

ancak,

bir metre ilerde,

ön camdan, arabanın içinden, –soğutucudaki şişe değil, ocaktaki su buharlanıyor– tam göğsüme çevrilmiş bir namlu ucu,

çok kısa bir süre,

ancak bunlar olacak kadar, –ısındı artık, çoraplar için yeter–,

direksiyonda da bir kişi olacak kadar,

arkada ise üç kişi daha,

–ne dedi arkadaşım, demek yeni kitap bitti, şimdi keyif ha?– böyle kıpkısacık bir süre, ancak bukadar:

Çıt.

–Gazı kapatıyor.–

Çıt.

–Çinko tası çaydanlığa vuruyor.–

Ancak bukadar.

İçine bunları sığdırabilecek bir süre. Bir de el.

Namlu içeri çekiliyor.

Direksiyondaki gazlıyor sonra. –Kahvenin camları sessizce düşüyor–, vınlayarak araba yukarı:

Tavanı kara,

kendisi al,
az uzun, orta,
plakası LS 09 26.,
son rakam okunamadan, bu kesin.

Çünkü ortalık karardı. Kunduz avcısı ince bir dalı kırarak gitti. Arkadaşına gelince, onun acelesi vardı; çenesindeki kılı ne güzel aldı. "Bense" diyor içinden, "gideceğim, geceyarısı. Üstelik yarın pazar."

Göl kıyısına, ormanlara piknikçiler gelir, kendin pişir, kendin ye, lokantaları kurulur. –Etlerin üstünde yüzlerce karasinek dönenir.– Pencerelerde kırlangıçlar. Ansızın bir tüfek sesi olur sonra. Kunduz düşer. Kargalar havalanır. Bütün kuşlar çılgınca bağrışır. Büyükler domatesleri dilerler, katı yumurtaları soyarlar. Çocuklar da soyunup suya girerler: Baba, kol saatim sende kalsın, ıslanmasın!

Dalarlar. Su çivi. İrkiltir: Uuuu! Çabuk da alışılır. Ama geceler hep soğuk. Çantaya kalınca bir kazak koymayı unutmamalı. Tut baba, kol saatim sende kalsın, ıslanmasın!

Oğlan. Yenikapı'daki kahvede askılıklı çay tepsisini taşıyor. Tepsiye çepeçevre dizilmiş, belleri kırmızı kuşaklı çay bardakları. Annesi, surların ardında, yazmacıların orada, yazmaları boyadan çıkarırken, kulaklarında sallantılı küpeleri olan kıza, "Oğlumu bir görsen..." diyor, tatlı birşey çiğnercesine, "kazandığından biriktirdiği ilk parayla kol saati aldık ona, parlacık kayışlı." Kız, tel bileziklerini şıngırdatıyor, omuz silkiyor: Ananın örekesi!

Çocuk, askılıklı tepsiyi, kol saatini herkesin görebileceği bir biçimde taşıyor. İncecik bileciği –bir dal–, bu yüzdendir ki, hep burkuk durmalı. Kahveci: "Oğlum, güzelcene taşısana şu çayları" diye seslenir ikide bir, inadına; müşterilere göz kırparak. Hep gülüşülür.

Arkadaşının, tıraşa karşın şenlenmeyen yüzünde öyle bir gülüş: "Demek senin yeni kitap bitti, şimdi keyif ha?" Şimdi bozkır kuraklığı. Sabahtan akşama dek bütün o yazılmış sayfaları dizdi, deldi, dosyaladı. Bitti. O ağır yük gitti. Karşısına geçip seyretti. Neyi eksik yaptı, neyi kötü? Ama artık gitmeli. Gecikti.

Sıcak su tasını banyoya taşıyor. Tutacaksız. Elleri yanıyor. İyice duyuyor. "Eli, tam da saat kayışının yerinden kopmuş. Saat, kopan elin bileğinde kalmış" diyor belediye zabıta memuru. Onu Sirkeci'de indiriyor. "Sağolunuz."

Çabuk çabuk çitiliyor çorapları. Elin yanlamasına bir duruşu var. İyice duyuyor, çok özel küçük birşey olduğunu. Çocuğun kopan ele doğru belli belirsiz bir atılım yaptığını. Yıkıntıların ortasında. Sol yanı müthiş acıyarak, saati dilediğini: Bakıyor, yüzü aydınlanıyor. Durmamış işte!

Saniye ibresi öyle hızlı koşuyor ki:

Çıt, çıt.

Çıt, çıt.

Çıt, çıt.

Minicik minicik çizgilerin birinden ötekine sıçrayarak.

Çorapları banyodaki ipe, yanyana, düzgünce asıyor.

Direksiyondaki delikanlı gaza basıyor, yukarı fırlıyor araba.

Pişmiş ayva rengi,
tavanı tuğla,
dar, uzun,
Plakası 06 LZ 926
mıydı?
Nişan töreni iyi geçiyor mu,
bir kitabın iyi yürümeyişinden daha bunaltıcı ne var,
bitince ise, kuraklık,

tam bir ölüm,
çok kısa bir süre,
ânlık. Çorapların kiri iyi akmamış.
Otobüsün kalkmasına çok az zaman var.
Susuzluğu hâlâ geçmedi. Bir çay içse. Çöpü dışarı koysa.
Muslukları yoklasa. Kitapları seçse. Bir not yazsa.
Yapılacak böyle, bir iki küçük şey daha.
Gecikmese.

OOOF! OHHH!..

Güz uzun sürdü. Ağaç yaprakları bir çırpıda dökülmedi. Çınarlar nerdeyse tek tek düşürdüler yapraklarını. Ancak, kasım sonlarına doğru bir gece, dallarda artakalmış nekadar sarı, kızıl yaprak varsa, hemen hemen, birarada dökülüverdiler; kaldırımlarda, yol kıyılarında sürüklenmeye başladılar. Esinti, onları asfalta attı. Hızla geçen arabalar ise, hepsini kaldırımların dibine dibine üfürüp durdu.

Belediye, kayırılmışlarla yaşlı temizlik işçilerinin ellerine uzun saplı birer süpürge vererek onları, yollara, kanalizasyon ızgaralarını tıkayabilecek bollukta yığışmış kuru yaprakları süpürmeye gönderdi.

Yaşlı Hüsrev'e, kentin güzel, havadar bir bölümü düştü. Bol ağaçlıklı, bakımlı, oldukça sessiz bir semtin anacaddesinde kuru yaprakları süpürmek, kentin ortasında, itiş kakış arasında pis kâğıtları, fındık fıstık kabuklarını süpürmekten daha kolay, keyifli... Gerçi yaprak bol, ama duman kokusu yok, araba gürültüsü pek az, gezinti yerinden ise tek tük geçen insanlar. Temiz, açık hava, çevre bahçelerde kış çiçekleri. Hüsrev, köyden yeni gelmiş; ancak burada kendini hâlâ bağ-bostan aralarında saymaya yatkın. Geniş yüzlü çınar yapraklarını uzun saplı, telleri dökülmüş bir süpürgenin ucuyla usul usul ittiriyor: Kentte gençlerin sinirleri nekadar bozuk. Çabuk öfkeleniyorlar. Hiçbir şeyden kolay hoşnut olmuyorlar. Oğlanın yanına göçtüm ya, ona, geline yük olacağımı hiç sanmazdım. Ne var işte; şu süpürgeciliğe başlayalı akşamdan akşama buluşup görüşüyoruz. Ortalığı kirletmiyorum. Dikkat ediyorum. Suyumu kendim içmek istiyorum, gelin ona da alınıyor. Torunumla oynuyorum, anası da bu arada rahatça yemeği yapıyor, bulaşığı yıkıyor. Tatil günleri çocuğu alıp çıkıyorum, oğlanla ikisi başbaşa kalıyorlar. Gine de, kimse hoşnut görünmüyor. Neyim fazla geliyor, neyi eksik yapıyorum?

Hüsrev, temiz büyük arabalara doluşmuş kızlarla oğlanların yanından geçip gidişlerine bakıyor. Arabalar, asfalta yayılmış kuru yaprakları savurtuyor. Dağılan yaprakları süpürgenin ucuyla bir araya getirmeye çalışıyor Hüsrev: Şunların bile suratından düşen bin parça. Sanırsın, kendileriyle dünya arasına bir duvar çekmişler. Kimseyi gördükleri yok. Besbelli, her şeyleri de yolunda. Kızlar oğlanların yanında. Lâkin, birbirlerinden de habersiz duruyorlar. Sigaralar içiyorlar, sigara içtiklerinin farkında değiller. Ohh, bir arabaya kızlı oğlanlı doluşacağız da, şarkıyı türküyü koyvermeyeceğiz. Bu da gençlik ha? Benim oğlan da genç sanki. Gelinle birbirlerine hart zurt edip duruyorlar. Hep benim varlığımdan. Herhalde öyle...

Köye dönse mi? Gerisingeri çekip gitse... Ancak, kızlar evlenip oraya buraya dağılalı, karısı da öleli orada pek yalnız. Hüsrev, hastalanıp bir odada ölümle başbaşa kalmaktan korkuyor. Başka şeyden yılacağını sanmazdı. Bir bu. Oysa, şimdi de işte... Oğlunun bir arkadaşı belediyede ona bu işi bulana dek, çok daha kötüydü. Gelini sık ağlıyordu. Televizyonu hâlâ başkalarının evinde seyretmeye gitmek, bir ucundan patlayıvermesi için baş bahane. Çıtlatmıştı: Ben evde oturup çocuğa baksam, kendisi de çalışacakmış. Bunu da oğlan istemiyor. Çocuğu beklerim, lâkin bakabilir miyim? Ya hakedemezsem? Bir yanına birşey olursa, arabaların altına kaçırırsam?.. Rabbim kazadan belâdan korusun! Çok da şenlikli yumurcak.

Süpürgenin ucuna taktığı birkaç çınar yaprağını şöylece bir ittiriyor. Yaprakları süpürdüğü pek söylenemez. Süpürgeyi yere bir iki çalıyor, yine bırakıyor kendi haline. Bırakıyor gelip geçen arabalar savurtup dursun; savrulanlar savruldukları yerde kalsın. Aylıklarını biriktirse, geline bir televizyon alıverse? Belki hoşnut kalır. Fakat, aylığını oğlununkine katmazsa, günlük geçime destek olmazsa, gelin daha çok huysuzlanır. Oğlan birşey diyemez, lâkin bunalır. Oflar, poflar. Dün gece de işte: Diken üstünde kaldım. Açıkça söylenen bir lâf yok. Gine de ortalıkta bir darlık. Sıkıcı birşey. Yattım ya, yattığım yerin tavanını şöylece kaldırıp bir yana atıveresim geldi. Biraz hava. Acık genişlik. Kondular da sıkış sıkış. Herkes birbirinin üstünde. Bir daralmadır gidiyor. Tut, desen ortalık ateş alacak. Burası iyi işte, geniş. Gelinin gözünden, oğlanın of poflarından uzak. Uzak ya, ne kadar? Bu kadar.

Yeniden bir iki süpürge çalıyor yapraklara. Yapraklar çoğu yerde kaldırımla asfalt arasına yığışıp sıkışıyor. Dert edinip süpürgenin ucuyla kurtarmak gerekiyor. İsteksiz isteksiz bir o yana, bir bu yana çalıyor süpürgenin ucunu Hüsrev. Dalga geçme Düzyakalı, dalga geçme! Şimdi gözcüler sökün ederler. "Doğru süpürsene koca herif, doğru süpürsene!" derler. Bu işte gözü olan kaç kişi var. Kaptırırız da sonra...

Gayrete geliyor; birkaç kez hevesle çalıyor süpürgeyi yere. Pazar dağılmamış olsa. Eve biraz öteberi götürse. Toruna birşey, bir oyuncak. Ne de pahalı hepsi. En külüstürü bile kaçlarca lira: Kendim de ne çok cigara içiyorum. En ucuzundan içiyorum ya, gine de avuç dolusu para bir benim cigara. Sanki çocukların hakkından çalıyorum. Öyle geliyor. Oğlum azalttı, zati yanımda da içemiyor daha. Onun cigara masrafı benimkinden az.

Her sigara yakışta, içinde aynı sıkıntı: Şöyle bir gönül rahatlığıyla içemez oldum şunu yahu!

Süpürgenin ucunda üç beş yaprak, öylece dikiliyor. Yolu süpürmesi gerektiğini büsbütün unutmuş görünüyor, işte, gepgeniş, havadar bir yer. Gelgelelim ortalıkta bir bungunluk: Oooff! Yüreğinde kötü bir darlanma. Lanet olası, bu yapraklar da yapışıp yapışıp kalıyor yere!

Sabah, işe başladığı saatteki hoşnutluğu yok. Daha üç yüz metre süpürmediği halde, üstünde bir yorgunluk. Süpürgenin ucunda gittikçe artan bir mızmızlık, kararsızlık: Ne yapsa? Geri mi dönse, kızların yanına mı gitse? Damatlarla daha kötü.

Köydeki tarlayı hısım akrabaya bıraktı. Üç eve birkaç torba birşeyler gelirse, hiç yoktan iyi. Gelin, bulgur, tarhana zamanı köye gelmek istemedi. Boşuna uğraşmakmış. Paran olacakmış da, hazırını alı alıverecekmişsin ki. Evi satsa? Sat gitsin, içinde tek başına öleceğine, sat işte, sat anasını!.. Süpürgeyi bir iki, çabucak çırpıştırıyor: Ya buralarda hiç olamazsan? Bu bungunluğa dayanamazsan? Bıçak kemiğe dayanırsa? Dayanabilir. Gine de başını sokabileceğin bir yer. Baktın olmuyor, çeker gidersin! Dede, bana ne getirdin? Sana getirdim oğlusu, üzüm, şeker, oyuncak, fıstık...

Süpürgenin sopasına dayıyor çenesini. Yüzünde esiveren bir gülümseme. Çok kısa sürüyor: Gelin ona da kızar sonra. Olur olmaz şeylere para harcıyorsunuz der. Suçlanırım. Yarın, öbürsü gün de el ayak tutmaz olacak... Ya bunarsam? Bunaklığım da yüzüme vurulursa ya? Of, oooff! Kendi evimde olsam hiç koymaz da, burada...

Ne hava! Lök gibi, esintisiz. İşte, kömür kokusu burayı bile bastı. Yukarda bulutlar köpürmeye başladı ya, bakalım...

Düzlüğü böyle böyle, süpürgenin ucuna yeniden isteksizce kattığı yapraklarla geçti. Yolaşağı inmeye, yaprakları da indirmeye başladı. Küçük yığına şaşkın şaşkın baktı sonra: Bu da iş! Karı kısmının bile kolayca haklayabileceği birşey. Dünün kaç tarla sürmüş, kaç dönüm toprak bellemiş Düzyakalı Hüsrev'ine yakışıyor mu şimdi?

Yoldan geçenlerin kendisine baktıklarını, haline güldüklerini sandı. Boğuntunun üstüne bir de utanç geldi, kondu. Yüreği iyice ağırlaştı. Yaptığı işin pek küçük bir iş olduğundan haberli bulunduğunu ille göstermek istercesine, burnu kıvırtık iki süpürge daha çaldı yapraklara: Rezillik! Allahın kuru yaprakları işte. Olduğu gibi kalsalar ne çıkar sanki? Yel üfürür, su götürür. Bunun için bir de para ödüyorlar adama.

Sanki, yolun kıyısına oturmuş da, önüne bir mendil açmış sandı. Sırtı ürperdi. "Benim gibi, inşaatta çalışamazsın ki baba. Senin baş dönmelerin var. Yukarlardan düşersin müşersin de sonra, içimize dert olursun." Oğlunun sesi. Yüzüne gelince; başına çoktan dert olmuşluğunu söyler.

"Rüzgârdan nem kaparsın, alınganın birisin Hüsrev" derlerdi köyde de. Belki haklılar. Keşke haklı olsalar. Kimseye yük falan geldiği yok da, öyle sanıyor olsa keşke! İlle bu sıkıntı. Süpürgenin ucundan kaçan, asfalta yapışıp yapışıp kalan şu tabak gibi yapraklar: Offf, of! Of!

Nefesinden fırlamışçasına güçlü bir esinti o sıra patlak veriyor. Hüsrev'in önündeki yaprakları bir ânda aşağı doğru sürükleyip götürüyor. Bilmeden, istemeden çok şenlikli bir "Ooooo! Ooohhh!" çıkıyor ağzından. Bir ân. Kendi sesine, içinden patlayıveren ânlık, pürüzsüz sevince şaşıyor. Utangaçlıkla çevresine bakmıyor. Yokuş aşağı esip giden yapraklara bakıyor. Yüzünde, sevinçle keder arası sıkışıp kalmış çizgiler.

SAVUN SEVDAM SEN SAVUN

İki kişiler. Ellerinde bir teneke boyayla geldiler. Akasyaların altındaki alacalı bulacalı duvarı kurşun rengine boyayıp gittiler.

Her şey çok çabuk eskiyor. Pabuçlar, perdeler, yapılar, sokaklar, duvarlar, sevgiler. Hepsi çarçabuk tüketiliyor.

Kimsenin nicedir akasyalarla ilgilenmediğini düşünürdüm. Eski bir şarkıda anılmaları, varlıklarından daha gerçek, daha sürekliydi sanki. Oysa, kentin doğusunda, daracık bir sokağın alçak yapıları, akasyaları hâlâ savunuyordu. Bir yağmur sonrası gelen çekinik güz güneşi de. Geceler ise serindi. Yaprakların tozlu yeşilini solduruyordu. Yapraklar güzboyu, annemin kumruları üstüne döküldüler.

Onlar sokaktan geçerken, nerdeyse yüzümüz güler, içimiz şenlenirdi. Elele tutuşmazlardı. Kollarını birbirinin boynuna atmazlardı. Yine de bize, hep sarmaş dolaşmışlar gibi gelirdi. Annem onlara 'Kumrular' derdi. "Kumrularım geçiyor!" –Size ne oldu? İçleriniz dumanlı.– Böyle demeye getirirdi. Üç beş yıllık kocam, eprimiş sevdamıza bakar, kırık dökük gülümserdi. Yenilenmeye ant içerdim. Onlar sokaktan geçtikçe, nerdeyse onarıldığımızı duyardım. Kocam da, ben de, içimize çöken dumanı dağıtmaya çalışır, istemimiz dışında incinmiş bir sevdanın gerilemesini önlemeye çabalardık. Ağzımızın acısını çalkalayarak yeni diriliklere heveslenirdik.

Onların saçlarında yapraklar olurdu. Solgun aylar ve günler pul pul üstlerinden kayıp dökülür; ayakları, düşmüş yapraklar arasında bir hışırtıyı beslerken iyice güzelleşirlerdi. Güzelliklerin unutulduğu bir döneme, o yörelerden ses taşımak için geldiklerine bile inanırdım.

Kızın yüzü ince, duruydu. Alnında sevebilmenin onuru parlıyordu. Delikanlı da, göğüs kafesinde sıcacık bir kuş taşıyordu. Çok az konuşurlardı. Sessizliklerin değerini verirlerdi. Hiçbir şeyi gürültüye getirmek istemediklerini sanırdınız. Sokaktan her geçişte bir kez, karşıdaki duvarın üstüne, akasyaların altına otururlardı. Yazdan kışa doğru dalların, yaprakların, ikisinin de yüzüne vuran nakışı sürekli değişmişti. Değişmeyen, ayaküstü harcanmamış sözler boyunca üstlerine çöken çocuksu ciddilik, yanaklarına yürüyen alacalı pembelikti. Gencecik yaşlarına uygundu. Gelecek günler, sevdalarına baskın değildi. Ne bir avcıydı kaygı, ne de av.

Daracık sokağımızdan aylarca geçtiler. O duvarın üstünde pek çok kez oturdular. Kırıcı olmadan, biri ötekini bırakıp gitmeden konuştular. İşyerlerimizdeki tartışmaları, sonu gelmeyen yakınmaları; her ân, hiç seyircisi olmadan oynanan oyunları değiştirip dönüştürme özlemimi beslediler. Onları her görüşümde, yarına dayanacaksak, derdim, savun sevda, sen seni savun!

Kentin hangi yöresinden olduklarını kestirmemiz güçtü. Tepeden tırnağa sevdalarını giyinmişlerdi. Özlemlerini ve özgürlük sayfalarını sıraya dizmişlerdi. Bana öyle gelirdi. Algıladığım şeyi kanıtlayacak pek çok ipuçları bulurdum. Akasyaları unutmayan onlardı. Bir bebeğin gülüşünü ayırt ederlerdi. Ayaklarının ucuna kaçan bir topu usulca alır, incitmeden karşı tarafa yuvarlarlardı. Sokakta oynayan yeniyetmelerin hoyratlıklarını kışkırtmazlardı. Sessizliklerini de, konuşmalarını da bölmeye aday her şeyi kırıp yarmadan geriletir, dışlarına iterlerdi. Kimsenin kimseyi var saymadığı şu günlerde bunu nasıl başardıklarına şaşardım. İlk karın çıplak dallarda yaldızlandığını seçen de onlardı.

Kocam, delikanlının da, kızın da öğrenci olduklarını söylüyordu. Ben, ikisinin de yaşamlarını kazandıklarına inanıyorum. Bu, sokağımızda hep belirli zaman parçalarında bulunuşlarındandı. Annem, kumrularının aynı zamanda birer melek olduklarına yemin ediyordu. Ona kalırsa ikisi de bu kentten, bu ülkeden, bu yeryüzünden değildi. Eli yüzü düzgün bir dünyadan gelmişlerdi. Bir gün, çarşıdan aldığı öteberiyi inleye sızlaya eve taşırken, onları yanında bulmuş:

"İzin verin, biz taşıyalım" demişler.

Annem, bu yüzyüze tanışmayı hemen değerlendirmek, ikisi üstüne bazı sorular sormak istemiş. Ama nedense dili tutulmuş. Ağzından:

"Sağolun yavrularım, sağolun. Allah gönlünüze göre versin" demekten başka birşey çıkmamış.

"Yalnız akıllı ve güzel değil, aynı zamanda da pek iyiler canım!" diyor da başka birşey demiyordu.

Filesi gibi, gamlı kasvetli bir zamanı da yükleniverme-sini bilen böyle insanlar varken, bizim kaygılara bulanmış yüzlerimiz annemi büsbütün şaşırtıyordu.

Yılın ikinci ayıydı. Sokak buzla kaplıydı. Akasyalar çıplak. Şarkıları unutulmuş. Gümüşsü dallar, isli bir gökyüzüne doğru uzanıyordu. Sanki her şey pusuya yatmıştı. Tuhaf bir bekleyişti. Baharın bize ne getireceğini bilmiyorduk. Akasyaların yeniden çiçeklenebileceğini bile düşünemiyordum. Onlardaki değişimi izlemeyi zaman zaman ben de unutuyordum. Tek şey kesindi ama: İlkyaz, annemin kumrularına dıştan alçakgönüllü, içten iyice bakılırsa, gökkuşağı renkleriyle donanmış, her yanda binlerce ışıklı balonun uçuştuğu en güzel düğünü getirecekti. Günlerimizin ufkunda tek ışıklı nokta, bu diri ve dingin sevdaydı. Onlar bir göstergeydi. Pek çok akşam, işimden dönerken, ikisini yeniden görürsem koşup boyunlarına sarılmayı bile istemiştim. Ama böyle bir özgürlüğüm yoktu. Ansızın bastıran istekleri içimde saklamayı, örtmeyi ve örtünmeyi yazık ki fazla öğrenmiştim. Onlar önümüzden geçip gideceklerdi. Biz, bizde uyandırdıkları ışıklı noktalarla yetinecektik. Bütün evlerin indirilmiş perdelerine bakacaktım. Bu kıpırtısız sokağa, unutulmuş akasyalara, sevgi geçirmez yüzlere karşı salt, onların tutuşturduğu kıvılcımlarla direnecektim. Örtülü bir inatla, yaşamın tek anlamını, düne ve geleceğe yenilmeyen, böylece dünü alıp geleceğe ulayan sevdalarda bulmaya çalışacaktım. Her iş dönüşümde, gözlerim sokakta, çıplak akasyalar altındaki duvarda onları arayacaktı.

Akasyaların tomurcuğa durduğu günlerde, annemin kumruları sokağımızda görünmez oldular. Gözlerimi zifir karanlık bir odaya alıştırır gibiydim. Kocama sormuştum. Onlara aklımı fazla taktığımı söylemişti. Annem, bilgiçlikle:

"Eee, demişti, evli evine, köylü köyüne. Hep sokaklarda dolanacak değillerdi ya? Yuvalarına gitmişlerdir."

Yarı hoşnut, yarı kederliydi.

Karşıdaki duvarın üstü hep boş oluyordu. Akasyalar eksik. Onları bir kez daha görüvermeyi umuyordum. Mart yağmurlarının getirdiği o büyük tufan, sellerin önüne ne geçerse sürükleyip götürüşü de, sokağımızda bir türlü yeniden görünmeyen kızla delikanlıyı unutmama yetmiyordu. O yalın sevda, o duru alınlar asıl şimdi, yalnız bana değil, hepimize öylesine gerekliydi ki! Bu aydınlık göstergenin, gerçekte hiç varolmadığını düşünmekten kaçıyordum. Bize aşkı unutturan bir yerde, aşkı kendilerine unutturan bir gençlikle her şeyi çarçabuk eskitip tüketmeyi durduramazdık. Bir düştü belki. Örenimizi o düşle diriltme çabasıydı.

Akasyaların bol çiçeğe durduğu günlerin birinde annem, hayıflana çırpına dedi ki:

"Ah çocuklar, meğer bizim kumrular düğün falan yapmamışlar. Yuvalarını kuramamışlar. Birçokları gibi, o cânım çocukları da alıp içeri tıkmışlar. Ah, hiç umar mıydın?"

Annem, meleklerinden kuşkuya mı düşmüştü, onlar için üzülüyor muydu, düş kırıklığı içinde miydi, anlayamamıştım. Kocamsa, en sitemli sesiyle konuştu:

"Üzülmeyin, onlar uzaktayken bile birbirlerine yakındırlar" dedi. "Ayrı yerlerde olmaları önemli değil."

Yüzünü çevirdi:

"Aynı odalarda nice uzaklıklar varken..."

Sözünü, sitemini böyle pekiştirdi. Bizim dirilme çabalarımızın boşunalığına imzasını attı. Ama buna tam yetkili ve bundan tam sorumlu olmadığı gibi, koğuşlar için iyimserliği de avutucu değildi.

Yine de, en karanlık geceleri süsleyen düşlerdir. Bu kez bilincindeydim: Düşlerim vardı. Delikanlıyla genç kızın, koğuşlarının dar pencerelerinde, alınlarını demir çubuklara yasladıklarını, birbirlerinin bulundukları yönlere doğru bakıp gülümsediklerini düşünüyordum. Şimdi, gökyüzünde ancak bir ucu görülebilen ayı paylaşıyorlardı. Ay, akasyaları paylaştırıyordu. O zaman ben de gülümsüyordum. Kocamla aramıza dolan sisi birazcık aralıyordum. İnanmaya savaşıyordum: Aşklar sürüyordu. Yeni ve dayanıklı sevdalar, karanlık köşelerde, dar yerlerde, dar zamanlarda mayalanıyordu. O sağlam sevda da göz göz oyulmayacaktı, düşmanlıkla parçalanmayacaktı. Sevda, barışla savaşı birbirine karıştırmazdı. Her şeye dayanabilir kendini, her şeyi göğüsleyici kendisiyle besleyen, başka yerlere harcanmış emeği kendinden sakınmayan tek şeydi.

Onları bekliyordum. Uzun süre bekledim. Bir güz daha gelip geçti. Yeniden kış, yeniden bahar oldu. Akasyalar çiçeklerini iki kez açıp, iki kez daha döktü. İşimi değiştirmiştim. Seyircisi yine kendimiz olan oyunları bir yana bırakmıştım. Kendi ellerimle dayanıklı birşeyler üretmeye çalışıyordum. Böylece, dördüncü güz, o delikanlı ile o genç kızı benim bile unuttuğum bir sıra, delikanlıyı gördüm.

Gördüğümün o olduğuna uzun süre inanamadım. Genç kız yanında değilken, bütünüyle başka biriydi sanki. Boy atmamıştı, kilo almamıştı, hayır. Ama yüzü, serin gülümsemesini yitirmişti. Adımları hoyrat. Göğüs kafesindeki sıcak kuşu uçurmuştu. Böyle algıladım. Sokağa, aynı akasyaların altına, üç-dört yıl önce kendi bulunduğu yaştaki üç çocukla gelmişti. Ummadığım bir saatte. Çok erkendi. Gün yeni atıyordu. Sokaktan henüz kimseler geçmiyordu. Pencereyi açmıştım. Akasya yapraklarının yarı çürük, yarı yanık kokusunu duyuyordum. Geçen yıllar boyunca, nedeni bizim dışımızda da olsa, kocamın aramıza sızan dumanla savaşmamasını da, kendi beceriksiz savaşımımı da hoşgörmüştüm. Yaşanan yaşanmıştı. Önümüz yaşanacak günlerle doluydu. Annemin kumrularını içimde çoğaltmıştım. İkisini, salt ikisi olarak unutuşum bundandı belki.

Orda, karşımda, şimdi dört kişiydiler. Dördü de erkekti. İçlerinden biri ise, o delikanlıydı işte. Ötekileri ilk kez görüyordum. Akasyaların altındaki duvarın tam alnına bir savsözü hızla ve iri harflerle yazıp gittiler. Son harfin kuyruğu çekilirken, eskiden bildiğim delikanlının sert ıslığını duymuştum. Geciken arkadaşına hoşgörmez, özür dinlemez bir ıslıkla çabuk olmasını buyuran gerçekten o muydu ama? Pencerenin önünde, çürük ve yanık yaprak kokularına karşı dururken beni düşündüren, yanıtı çok kısa sürmüş bu soru değildi. Ne denli değişmiş olursa olsun, bu delikanlı oydu. Ben, duvara yazılan yazının doğru ya da yanlış, gerekli ya da gereksiz olduğunu da düşünmüyordum. Kız nerdeydi? Kumrularımızın dişisi nerde?

Ne yöne doğru, nasıl olursa olsun, her şeyi birlikte gerçekleştirmeleri gerekirdi. O yazıyı bile duvara birlikte yazmaları gerekirdi. Bu, onların şu sokaktan geçerken, yarı güneşli ve çok güneşsiz günlerde kendilerini, sevdalarını seçmiş olanlara verdikleri bir sözdü. Bu sözü kim bozdu? Kendileri mi, başkaları mı, sözler mi, ölüm mü?

Kızın ölmüş olabileceğini düşünemezdim. O duru, çocuksu alın ölüme yüz vermez, dudakları ona gülümsemezdi. Yine de, bilinmez ki; ölüm yargı dışıydı. Doğum gibi. Ama sevdalar değil. Yaşama sözvermiş, diriliği özendirmiş sevdalar değil.

Bu nedenle, birkaç gün sonra o duvarın dibine gelip, daha önce bir baştan bir başa oraya yazılmış yazıyı tümüyle çirkin bir sarıya boyayan, üstüne de silinenin tam karşıtını yazan, yazının sonunu "ölüm!"le bitiren, ikisi erkek biri kız, üç gençten sonuncusunun da, bildiğimiz genç kızın ta kendisi olmasını istemiyorum. O denli benziyor ki, o olmasın, sakın o olmasın, diyorum. –Ah, evet, birer akasya ağacı değildi onlar.– Zaten kızın saçlarını da akasya yaprakları süslemiyor. Fırçayı duvarın üstünden çok çabuk geçiriyor. Bir zamanlar hep yanyana olduğu delikanlının ıslığına denk bir sertlikle. Yüzüne dalların nakışı düşmüyor. Buna zaman kalmıyor. O sevdalı alnı şimdi, sabırsız çizgiler örtüyor. Yine de o. Birkaç yılın çok kullanıp çarçabuk eskittiği yüreğiyle tıpkı o!

Şu akasyaların altını, bu duvarın üstünü onlarsız düşünemezdim. –Akasyalar varsa, onlarla vardı.– Şimdi, bu aynı ağaçların altında, aynı duvarın önünde ansızın karşılaşmalarından ürküyorum. Yapraklar, kimsenin başını süslemeye zaman bulamadan, teker teker dökülüyor. Onların, dökülen bu yapraklara karışmalarından korkuyorum. Birbirlerini, bu aynı duvar önünde, birer yaprak örneği düşürmelerinden. Bir sevda eskisi gibi.

İki adam geldi. Ellerinde bir teneke boyayla.
Akasyaların altındaki alacalı bulacalı duvarı
kurşun rengine boyayıp gittiler.

Gördüm: Sevdası yer değiştirmiş bir duvar eskisi.

KİMİ ZAMAN DA YAPAYALNIZ GİTMEK UZUN VE ÇOK DÖNEMEÇLİ YOLLARI

Yol, uzun, dar. Bitmez dönemeçler. Gözüm hep ilerde. Uyuklarsam, diye korkuyorum.

1.

Ben yola çıkmadan önce, bir gazetede yazı işleri müdürü olan Müfit telefon etti. Müfit, amcamın oğlunun kayınbiraderi. Derinden bir tanışıklığımız yok. Arada sırada aile sofralarında buluşuruz. Yollarda rastlaşırsak birbirimize "Ne var, ne yok?" diye sorarız. Yanıtlarımız da hep "İyilik, sağlık" olur.

Müfit, telefonda bana:

"Yarın Doğu'ya gidiyormuşsun, şantiyeye; bizimkilere amcan söylemiş" dedi. "Yanına bir yazar versem olur mu?"

Yazar mı? Aman ne güzel! Yolculuğum kimbilir ne kadar ilginç geçer. Ben de, şu uzun yollar, tek başına, sür sür bitmez, uyku da bastırır sonunda; işin yoksa kendi kendine türkü şarkı söyle artık, deyip duruyordum. Bir yazar! Ne büyük onur benim gibi bir teknik adam için.

"Kim?" diye sordum Müfit'e.

"Bil bakalım kim?" dedi o da.

Ah, umarım Suat Adalı'dır. Şimdilerde ve henüz aramızda olanlar içinde en sevdiğim yazar o. Üstelik çok renkli yaşamış, çok deneyleri varmış. Bir konuşmaya başladı mı, ağzının içine baktırırmış. Yeter ki başlasın. Çok da dost canlısıymış. Kıvılcımlı bir adammış. Yazdıkları gibiymiş yani.

Ben, birlikte gideceğim yol arkadaşımın Suat Adalı olacağına kendimi nerdeyse inandırmışken, telefonda Müfit'in sesi:

"Osman Hasat" dedi. "Evet, o. Genç yazarımız. Herhalde kitaplarını okumuşsundur. Teknik adamsın ama, iyi okurmuşsun. Evden öyle diyorlar. Hah, hah, haahh!.. Osman Hasat, bizim gazeteye bir dizi yazı yazacak. Birader, işte, Doğu Anadolu üstüne, ayrıca şantiyelerdeki yaşam üstüne, dağları dinamitlemek üstüne falan... İlgi çekecek birşeyler... Tabii halkın makineleşmeye, uygarlaşmaya karşı tutumu da çıkacak ortaya böylece. Bakalım, yaptığınız yollar, köprüler, açtığınız tüneller falan, oralar insanında etkisini nasıl gösteriyor, ne oluyor, ne bitiyor, ne gibi değişiklikler filân... Biraz da folklor falan, haaa diğmi?"

Müfit, böyle anlatıp duruyor. Falanları filânları içime su serpmiyor. Pek mutsuzum. Çok kötü. Osman Hasat'ın hiçbir kitabını okumadım. Birini almıştım da, kitapta geçen kişi adlarının hep "o" ile bitmesindeki tekdüzelikten midir, nedir; anlayamadım da ondan mı; sürdüremedim. Bu kimseleri ben de tanıdım, adların sonundaki "o"lardan başka hiçbir yanları tanıdık gelmedi nedense. Kimler olduklarını çözemedim. Hiç değil, beni bana tanıtsa. Bu da yok. Kusur bende. Şimdi ne olacak? Çok ayıp olacak. Ne yapsam? Bir günde de hiçbir kitabını okuyup bitiremem. En çok, bu kitapların adlarını ezberime alabilirim ki, o da bir anlam taşımaz. Kendimi kandıracak değilim ya. Lâf gelir, kitapların içeriğine dayanır.

Harika çocuk gibi birşey olmalı Osman Hasat. Üç yıl öncesine dek, tek satırını bilmiyorduk. Üç yılda dört röportaj, iki deneme, beş inceleme, iki de romanı çıktı. Belki daha vardır. Ama benim aklımda bu kadarı kalmış. Kitapların adlarını da tam olarak bir türlü çıkaramıyorum. Biri 'Yuvanı Yaparım' mı neydi? Gerçi, Osman Hasat'ın, aldığım, okumaya çalıştığım o tek kitabından ötürü, onun yazarlığıyla –utana sıkıla tabii– bir ortaklık kuramayacağımı sezdim; ancak, sezgiyle olmaz ki. Bilmek gerekir. Mesela, 'Yuvanı Yaparım'la ne denmek isteniyor? Şimdi ne yapacağım? Tek umudum şurda: Belki bu yazarın, kendi yazdıklarından söz edilmesi hoşuna gitmez. Böyle yazarlar vardır. Kitaplarından söz açıldı mı, hemen kapatırlar. Kendilerinden hiç konuşturmazlar. Onları ilgilendiren hep başkaları, başkalarının yaşamı ve yazdıkları, üstelik de onların anılmaya değecek yanlarıdır. Belki Osman Hasat da bunlardan biridir. Hem canım, neden elim ayağıma dolansın sanki? İşte, Maxime Rodinson. Onun kitabı. Çeviren: Atilla Tokatlı. Son okuduğum bu kitapta altını çizdiğim satırlar: "*... İşin ucunda, Kureyş Kabilesi'nden Muhammed ibn Abdullah da, bizim zaaflarımızla zayıf, bizim gücümüzle güçlü bir insandı. Sözün kısası, kardeşimizdi.*" Nekadar doğru! Ohh, içim rahatladı.

"Osman'ı uçakla da gönderebilirdik" dedi Müfit. "Fakat, yolları adım adım geçmesi, görmesi gerekiyor. Otobüsle gidecekti ama, o da çok yorucu. İlginç de olmaz, falan. İstediği yerde durabilmeli filân. O zaman sen aklıma geldin."

"İyi olur, sevinirim" dedim ben de, ne olsa kekeleyerek. Arkamda koskoca bir Rodinson'a, kardeşim Muhammed ibn Abdullah'a karşın. "Yol arkadaşlığı ederiz. Benim için bir onur."

"Bak, bunu duysa sevinir" dedi Müfit.

Yolda, kitaplarından söz açarsa sevineceği kuşkulu ya! İnsan, fazla ilgisini çekmeyen yazarların da yakasını koyvermemeli canım; okumalı, aramalı, sormalı. Ne olsa hepsi kardeşimiz. Ne yapıp yapıp hepsine, her şeye zaman ayırabilmeliyiz. Onlar oturuyor, bizler için, geceler boyu yazıyor, yazıyor, yazıyorlar. Kanlarını tüketiyorlar. Biz ne yapıyoruz? Hiç.

"Keşke birkaç gün önceden haberim olsaydı" dedim Müfit'e.

"Niye? Araban dolu mu yoksa?"

"Yoo, söyledim ya; tek başımayım. Yine de, ne bileyim, hazırlıklı olurdum."

"Haydaaa! Yola, amcan gibi dolmalar, köfteler, böreklerle çıkmak istemiyorsun herhalde? Olsa, Osman için de iyi olurdu ama, o da altında hazır bir araba bulduğuna şükretsin artık. Bizden bu kadarı" dedi.

Araya bir de lâf sokuşturdu, –bizim patronun cimriliği dillere destandır, filân– ama onu kulak ardı ettim: Osman Hasat'ın yeni aldığı bir Renault'su varmış, gazeteden benzin parasını vermek istemişler; ancak o arabasını yıpratmaya yanaşmamış...

Haklı. Neden mis gibi Renault'sunu cimri patronun emrine örseletsin sanki?

Yazarımızı ertesi sabah hangi adresten almam gerektiğini söyledi Müfit. Kendisini bekletmemem konusunda da beni iyice sıkıladıktan sonra, telefonu kapadı. Osman Hasat, beklemekten, bekletilmekten hiç hazzetmezmiş, filân...

Gerçekten üzgündüm. Köfte, dolma biryana; Osman Hasat'ın kitaplarının adını bile öğrenemedim doğru dürüst. Rodinson, bütün gün yanımda olmadı ki. Yeni yapım projesinin kuyruğu Bayındırlık Bakanlığı'nda bir yere takılmıştı. Onu oradan kurtarmadan, onaydan çıkarmadan, bir lokma peynir ekmek peşinde bile koşamazdım. Bütün günüm başkanlık, müdür, şef; sonra, dön geri, evrak memurluğu arasında geçti, inip çıkmadığım merdiven, binmediğim ve binemediğim asansör, çalmadığım kapı kalmadı. Arabam zaten çok eski. Bir bakımdan geçirtmek istiyordum, olmadı. Gece, evime pek yorgun döndüm. Çantamı hazırladım, projeyi yeniden gözden geçirdim, hesap, kitap; projeyle ilgili eksik gedikler, derken geceyarısı oldu. Sabah beşte yola çıkacaktık. Hiç değilse Osman Hasat'ın bendeki tek kitabını biraz okuyayım, bütün şu sonları "o" ile biten adları olsun aklımda tutayım, dedim. Daha ilk paragrafta uyuyakalmışım. O ilk satırlar da "Saçıbuçıklaaar, kaçkaçta papağı nörilirsiniz?" diye başlıyordu. Allah kahretsin, ben bu dili bilmiyordum. Bütün eksikliklerim bir bir önüme düşüyor, başımın keli görünüyordu işte. Hemen şapkayı oturttum tepeme: Anlaşmanın başka yolları da var. Şapka çıkarmak, şapka giymek gibi... El, kol işaretleri... Öyle mi, değil mi, kardeşim ibn Abdullah, derken, uyuyakalmışım zaten.

Uyanmakta geç kalmışım. Osman Hasat'ı bekletip, kendimden daha fazla utanmamam için, çayımı içmeden aşağı indim; arabayı çalıştırıp onu adresinden almaya gittim. Ama kapıda bir saat kadar beklemek zorunda kaldım. Yooo, apartmanların dibinde erken erken korna çalmadım, hayır. Merdivenleri usul usul çıkıp, kapısını vurdum. Aşağıda beklemem söylendi, indim. Beklerken fazladan iki sigara içtim. O arada, hiç olmazsa ön camı sildim. Arabanın içini süpürdüm. Kül tablalarını döktüm. Bir saatin sonunda indi. Gözleri şiş şişti. El sıkıştık çabucak.

"Uyuyakalmışım" dedi. "Gidelim."

Kapıyı açtım, öne, yanıma oturttum. Herhalde geç saatlere dek çalışmış, yazmıştı. Bense, onun kitabının daha ilk satırında uyudum. İçimi yeniden bir utanç sarmaktaydı ki, beni beklettiği için özür dilemediğini anımsadım. Biraz rahatladım. Demek, teklife, tekellüfe gerek yok. Doğrusu, bu tutumuyla bir incelik gösterdiği, içime biraz su serptiği, bana bir iyilikte bulunduğu duygusuna kapıldım. Ona teşekkür etmek bile istedim.

Sanırım, anlaşılmıştır: Ben yalnız hayatın değil, güzel kitapların da azbuçuk yetiştirdiği uslu, çalışkan bir öğrenciyim.

Osman Hasat, otuz, otuz iki yaşlarında, güçlü kuvvetli biri. Gazetelerdeki fotoğraflarında daha ufak tefek görünüyordu. Resimlerinde, yüzünden böyle sağlık fışkırdığı pek belli olmuyor tabii. Sonra ses tonu; onu kâğıt parçalarından yakalayacak gibi olursunuz da, hep kaçırırsınız; ses tonu: Kendine güvenli, ne yaptığını bilen bir insanın. Kitaplarının adını zaman zaman, yeri geldikçe sayabilmeyi, kendisi ve yazdıkları hakkında büsbütün de habersiz bulunmadığımı ortaya koymayı düşünmüştüm, ama bundan caysam iyi olacaktı. En iyisi çenemi tutmalı, bu konulardan kaçmalı, ortalama adam konumumla olduğum yerde durmalıyım.

2.

Tanışalı iki saat kadar oldu. Benim eski püskü arabanın içinde hangır hungur yollar aşıyoruz. Kış. Yolların bakımı iyi yapılmamış. Ama Osman Hasat'ı bunca sarsmamın nedeni büyük ölçüde yolların bakımsızlığı değil; benim arabanın bakımsızlığı. Neyse ki, Osman Hasat bundan yakınmıyor. Gece dostları gelmiş; konuş, konuş, konuş; iki büyük şişe içilmiş. Geç yatılmış. Pek az uyumuş. Gerçi, uykusunu alamamış bir hali de yoktu. Demek alışık.

Bozkır bitmek üzereyken, Osman Hasat, yaşamöyküsünü küçük değişikliklerle ikinci kez anlatmaya koyuldu:

"Ben, aslında gideceğimiz o yörelerden çıktım, beyim. Yaa, hem de çok ücra bir köşesinden. Sen o, kuş uçmaz-kervan geçmez cehennemden çık, gel; okullara yazıl, yazılama; devran dönsün, şansın yaver gitsin; hiç aklında yokken tut ensesinden; yazarlığa bulaş. Bana parası gerekli değil, şanı var. Onun parasıyla nolacak zaten. Haa, babam beni doktor yapmak isterdi. Bizim oralara doktor gerekli. Başlarda ben de istedim, sonra zor geldi. Caydım. Kötü mü oldu? İşte, otuzumu geçtim, geçmedim; ardımda anlı şanlı yedi kitap. Şu bizim yazarlar sanıyorlar ki beyim, yazmak zor iştir. İnanmayın. Hiç zor değil. Amma, tabii lâf döktürmeyi bileceksin. Biraz gırgırcıyımdır ben. İyi lâf döktürürüm. Bizim oralarda, kış gecelerinde, kahvede, daha küçükken ise karıların kıyma-kavurma günlerinde baştacı edilirdim. Sözümde serbesttim. Onun ne olduğunu bilirim. Herkese, her şeye istediğim gibi değer, değinirim. Bütün bunlar olmasa, dört gecede koca bir defteri doldurmak kimin haddine! Sonra biz ne olsa, toprakla, hayvanla haşır neşir ola ola birşeyler öğrenmişiz. Neyi? Gütmeyi. İnsanları gütmeyi bileceksin. Bunu bildin mi, iki elini kendi kıçının altına koyup tahta kuruldun demektir. Doğrusu bunları herkese itiraf etmem ve bu yolları herkese göstermem. Size anlattım. Neden? Aklınız ermez, işiniz başka. Bu taraklarda beziniz yok."

Şu döküntü araba bukadar terslik etmezdi. Bunca sarsmaz, her yanında da böyle tutukluklar başgöstermezdi. Beni yollarda koyduğu çok oldu, ama şimdi bütünüyle stop deyiverirse, bana karşı pek açıkyürekli davranmış olan yazarımıza ayıp kaçacak. Öyle de bir duruşu, oturuşu var ki; bir aksilik çıkarsa, diye ödüm patlıyor.

Hoş adam. Her şeyi kolayına alıyor. Her sözünden iyimserlik fışkırıyor. Sen gel, dört yılda yedi kitap yaz. Kendisi, kolay, diyor ama, kolay mı? Baksana çocuk romanları bile varmış. Bunu işitmemiştim. Ne yapayım ki, onun yazma hızına yetişemiyor benim okuma hızım. Aslında yetişebilmeliyiz. Ne çare, dağda bayırda doğayı hizaya getirmek, onunla boğuşmak gibi bir işim var. Yollardan ünlü yazarlarım, güzel insanlarım rahatça geçebilsinler, karda kıyamette tıkanıp kalmasınlar, sel götürmesin, yel üfürmesin diye... Yine de birçok yazarı okudum. Osman Hasat'ı da okurdum okumasına ya, olmadı işte. Bu durumda bana düşen, arabayı dikkatlice sürüp, arada bir de kem küm etmek. Ben de kem küm ediyorum zaten:

"Çok üzgünüm Osman bey, sizin hiçbir kitabınızı okuyamadım."

İçtenliğinden ötürü ona karşı ben de içten davrandım kısacası. Kendimi buna zorunlu duydum. Keşke dilim tutulsaydı!

"Ben zaten burjuvalar için yazmıyorum. Benim okurum halktır" dedi, beni çok küçümseyerek.

Kalbimi kırmak istemediğini belli etmek için de, enseme bir tokat indirdi. Araba yalpaladı. Devrileceğimizi sandım. Şarampole yuvarlanmaktan güç kurtulduk. Beni hoşgöreceğine küsse, azarlasa daha mı iyiydi acaba? Ben de, büsbütün okumazın biri olmadığımı, sevdiğim yazarları neden sevdiğimi, bukadar değişik bir iş yapsam da, ayda yarım düzine kitabı didik didik etmeden elimden bırakmadığımı, üstat Gorki'nin "hayattan öğrenmek" dediği şeyi anlamada, hele benim de gördüğüm birşey üstüne "Ah işin bu yanını hiç düşünmemiştim!" dedirtmede yardımları oranında onları kendime dost edindiğimi söyleyebilirdim. Tam da başlamıştım, ama Osman Hasat, bu konulara girmek istemedi. Benden öğreneceği hiçbir şeyi olmadığını belirtircesine:

"Bırakın, bırakın" dedi.

Sustum.

3.

Araba bir tümsekte hop kalkıp, zınk oturunca, Osman Hasat yüzünü buruşturdu:

"Ne berbat yol! Araba da berbat" dedi.

Sonra, can sıkıntısıyla elini cebine attı, geri çıkardı:

"Sigaranız var mı?"

Sigarayı az içmeye çalışıyorum. Bunun için yanıma az sigara alıyorum. Cebimde yarım paketten az sigaram vardı. İki saatte birini içecek, şantiyeye varana dek bununla idare edecektim. Sabah kendisini beklerken ikisini fazladan içivermiştim üstelik. Paketi çıkarıp uzattım. Olduğu gibi aldı. İçinden bir sigara çekip yaktı. Paketi bana geri vermedi, cebine koydu. Epey sonra utana sıkıla bir sigara istemek zorunda kaldım. İnsan kendine ait birşeyi başkasına verince, geri istemek çok güç olur. Bu nedenle gerçekten pek utana sıkıla bir sigara istedim ben de. Hele o burjuvalık damgasını yedikten sonra, beni gözü dönmüş bir mülk düşkünü sanmasından çekindim belki.

"Sigara kalmadı" dedi.

Yüzünde, sesinde hiçbir üzüntü belirtisi yoktu. Tam karşıtı, sanki ben onun bütün sigarasını içip tüketmişim de, üstüne üstlük sigara istiyormuşum gibiydi. Ne denir?

"Sağlık olsun" dedim.

Sevimli bir gülüşü var. Zaten Müfit de söylemişti. Şöyledir, böyledir, ama çok sevimlidir kerata, demişti. Ben de şöylenin böylenin anlamını ancak kavramaya başlıyordum. Yan gözle bakıyorum. Osman Hasat'ta gerçekten sevimli bir yan da var. İnsan, tam bazı tutumlarına kızacak, içerleyecek noktaya geliyor, sonra bakmışsın, ona kafa sallayıp durmaktasın. Şeytan tüyü, dedikleri şey işte... Ayrıca, biraz çabuk gelişmiş, ceket kolları, pantolon paçaları kendisine kısa gelen yeniyetmeler gibi de bir havası var ki, adamakıllı sevimli. Hem düşünüyordum elbet: Bize onun yazdıkları gerekli. Beni sigarasız bıraktı diye de, onun hemen gözden çıkarılmayı hak etmiş bir insan olduğuna karar veremem ya? İnsanlar, aralarındaki ilişkilere özen göstermeli. Her şey biryana, bunca kimse okuduğuna göre, yazdıkları değerli şeyler olmalı. Beri yandan, bir gün içinde bütün o ciltleri okuyamazdım. Öyleyse, karşısında ister istemez biraz ezik büzük duracağım. Sırası gelince, kendisinden yeniden özür dilerim. Hayır, büsbütün de alttan almam. O özgür bir yazarsa, ben de özgür bir okurum. Benim de kendime göre birtakım ölçülerim, düşüncelerim var.

İçimde bir genişleme oldu; rahatladım.

"Siz bukadar çok ve çabuk nasıl yazabiliyorsunuz? Ben dört yılda değil yedi sekiz kitabı yazmak, yazılmışları makineyle şurdan şuraya bile geçiremezdim."

"Yazmak, hoşsohbetlik işidir" dedi usulca kasılarak. "Lâfı birinin ağzına verirsin, ondan kapar ötekine atarsın. Tıpkı voleybol, tıpkı futbol."

Yaaa? Yazmak denilen işte, hoşsohbetliğin ve ayaktopunun payı olabileceği hiç aklıma gelmemişti.

Söyledim. Ben bir kitabı yazı makinesinde bile bunca hızlı kâğıda geçiremem. Çünkü, bir kitabın sayfalarını başka bir kâğıda çekerken, insan ne olsa fotoğraflar dolabını yerleştiriyor gibidir. O fotoğraflarda kaybettiğin bir dost yüzünü, güneşli güzel bir günün izini, ne bileyim, yerinde söylenmiş, seni tam yüreğinden kavrayan özlü bir sözü bulursun. Fotoğrafların çekildiği zaman içinde hiç düşünemediğin şeyleri düşünürsün. Arkalarındaki bir ad, bir tarih, bir yer adı, insana ânlık yeni yaşantılar taşır. Dün, şimdiye gelir, şimdi yarına ulaşır, orada olağanüstü, yepyeni bir insan yaşamına dönüşür. Böylece, iki saatte yerleştirilebilecek o fotoğraflar dolabı, bir de bakmışsın, aradan bir hafta, bir ay, aylar geçmiş de, hâlâ boşaltıldığı yerde duruyor. Kesin davranabilip, gözlerini yumarak hepsini gerisingeri çıktıkları dolaba tıkıştırabilirsen, ne güzel. Yoksa, daha çok uzun bir süre boğuşursun onlarla.

Mektuplar büsbütün öyle değil mi? Bülent ne güzel anlatmış, hani dere kıyısında oturup, havuç tarlasından söktüğünüz havuçlarla karnınızı doyurduğunuz o güneşli kış gününü!.. Buzlu toprak tadı vardı havuçların. Uzun sürmüş dostluklar bozulurken de damakta benzer bir tat olur. Hele bak şuna! Demek biz o günler Melike'yle iyi arkadaşmışız... Yoksa birbirimizi seviyor muyduk? "Biricik" diye yazmış, "nasılsın? Bu kente geleli bir öksüzlük duyuyorum. Ağaçlar çıplak, sokaklar kederli..." Bunlar sevda sözleri mi? O zaman anlayamamış mıyım? Sahi, biz birbirimizi seviyorduk da, o sevgiyi ne anlamayı, ne anlatmayı bilemedik mi? Kimselerin eline kolay geçmeyecek böyle, derinden bir yakınlığı salt bir arkadaşlık örtüsüne mi sardık? Onu bile koruyamadık mı? Evet, çirkin şeyler yaptın sen. Melike'yi sonra, yıllarca kötüledin durdun. Kendinden utanmamak, bundan kaçmak için, kızcağızı kendinden utandırmaya çalıştın durdun. Hadi, kabul et artık; o kente bir gidişinde, çok sarhoşken sen, onu öpmeye kalktın. Melike hiç istemezken. Üstelik o ayıktı, usulca geri çekildi, işte hepsi bukadar. Arkadaşlığınız hiçbir şey olmamış gibi az daha sürdü. Bukadar mı? Ayılınca çok utanmıştın herhalde. Ya da gurur kırılması gibi birşey yaşadın. Hem de gereksiz yere. Sonra da işte, bu utançtan, o kırılıştan kaçtın. Azar azar, azar azar, ne ona, ne kendine çaktırmadan Melike'ye düşmanca duygular besledin. Ona, yaptığı her işte, attığı her adımda nerdeyse savaş açtın. Onun, insani eğilimlere düşman bir kız olduğuna bile inandırdın kendini. Herkesi de buna inandırmaya çalıştın. Soğuk, kimseyle yakın, içten ilişkiler kuramamış biri... Bunu tutturdun. Oysa küçük bir şaşkınlıktı onunki, bir irkiliş. Sen ayılınca yaklaşmayı nekadar denemişti, kaçtın. Hoşnut musun? Değilsin. Ama dur bakalım; yoksa senin şimdi, en ciğeri beş para etmezleri hoşgörüyle karşılamanın, bağışlanmayacakları bağışlamanın altında bu suçluluk duygusu mu var? Melike'ye yaptığın haksızlığın borcunu ödemek?.. İşte, Halil de şu mektubunda "Her şey iğrenç!" diye yazmış. Bak o zaman, bu "her şey"in seni de kapsadığı hiç aklına gelmemiş!.. "Her şey iğrenç!" diyen biri, neden seni o "her şey"in dışında bırakmış olsun? "Biz insanımızı hiç tanımıyoruz" diyor bir başka mektubunda. O zamanlar o kadar gençtik ki, kendimizi bile tanımıyorduk. Bizim dışımızdakileri nasıl tanıyabilirdik? Acaba böyle yazdın mı ona? Herhalde, "Nekadar haklısın dostum, insanımızı tanımıyoruz" diye onaylamışsındır kendisini. Bu mektuplaşmalar böyle, çok iyi anlaşan iki dost arasında tam üç yıl sürüp gittiğine göre... Derken, bitiveriyor işte. Neden kopmuşuz acaba? Kim önce, beriki tarafından hiç tanınmadığına, anlaşılmadığına karar vermiş ki? O mu, sen mi?

Yaa, ayıklanması gerekli mektuplara böylece dalıp gider insan. Okursun, okursun... Kendini yeniden keşfedersin. Başkalarını, dünyayı yeni renkler, yeni çizgilerle görürsün. Kendinin ne denli değiştiğini anlarsın. Eski kitapları yeniden okumak gibi işte. Böylece, günler geçer. Sonunda bakmışsın, ata ata ikisini, üçünü atabilmişsin bu mektupların. O da, kimden olduğunu bilmediklerini... Üç beş fotoğraf yırtabilmişsindir ya da; kim olduklarını asla çıkaramadıklarının fotoğraflarını. Neresi olduğunu bir türlü bilemediğin yerlerin fotoğraflarını. Demek, geriye alakoyduğun çoğunda, senin bugününü ışıtacak, dünün değişik bir yüzünü gösterecek satırlar, bakışlar, gülümsemeler, lekeler, gölgeler varmış? Demek iyi bir romanın sayfaları gibiymiş bunlar?.. Şimdi, böyle bir romanın sayfalarını şurdan buraya çektiğini düşün. Yaşamında bir yeri, bir karşılığı olduğu için, seni beyninden, yüreğinden yakalayan her tümce üstünde durursun. Durur, döner, yeniden okursun. Yeniden değerlendirirsin. Akşam olmuştur, sabah olmuştur; sen daha makineye geçireceğin kitabın iki sayfasını bile kâğıda çekememişsindir. Yaşamak, çoğaltmaya zaman bırakmamıştır. Böyle kitaplar çoğaltılsa bile, çok uzun yıllar alır. Bir de bunların yaratılma sürelerini düşün! Bir ömür ister canım, bir ömür. Hoş, üç dört yılda yedi küsur cilt kitap –ikisi roman, üçü çocuk romanı– yazılamaz diye bir kural da konulamaz. Böyle kesinlemelere gelmez işler bunlar. Hele ben, böyle bir kuralı hiç koyamam, koymamalıyım. Yaratıcı değilim çünkü. Ben, tasarıyı uygulayan biriyim. Onu, toprağa, taşa, suya geçiririm. Bu somut; önündeki ölçünün, ölçeğin dışına çıkamayacak bir iş. Yaratmak öyle midir ya? On yılda bize tek tümce bile armağan edememiş, tükenmiş yazarlar da var. Öyle, öyle; pek genel bir çizginin dışında, az yazmak, çok yazmak üstüne bir kural konulmamalı. Ne yazdığını bilmeden, Osman Hasat'a haksızlık etmemeliyim.

Etmemeliyim ama, bacağını nekadar itsem, vites kolunun üstünden çekmiyor. Üç kez mı, dört kez mi ittim o bacağı, hâlâ daha vites kolunun üstüne doğru yayılmış oturuyor. Onca ittirmelerimden sonra, ne itip duruyorsunuz beni, diye sorabilir, sormuyor. Hiçbir alınganlık göstermiyor. Ben itiyorum, o yine getirip getirip bacağını vites kolunun üstüne koyuyor. Dik bir yokuş tırmanıyoruz. Çok sert dönemeçler almak gerekiyor. Camlarsa pek kirlendi. Önümü iyi göremiyorum. Kocaman, uzun bir paltosu var; onu, oturduğumuz koltuğun arkasına attı; buruşmasın istiyormuş. Palto, ikide bir üstüme devriliyor. Katlayıp arkaya koysak, diyecek oldum; istemedi. Yazarlığa nasıl başladığını anlatıyor:

"Yaaa beyim, bir seferinde ben, üç gün, üç gece evde kapalı kaldım. Karımı memlekete, babamın yanına göndermiştim. Bekârlığın tadını çıkaracaktık sözde. Cebimdeki parayı üç günde içmiş bitirmiştim. Genellikle kendim ödemem. Hep çağrılı olurum, ama o yaz günü, kentte hiçbir tanıdık kalmamış. Hangi meyhaneye gitsem boş, hangisine uğrasam yabancı yüzler. Yoksa, paramı öyle çabuk tüketmezdim. Babama yazdım, artık ondan para gelene dek bekle de bekle. Bizim koca herif, nekesin tekidir haa... Hiç parası yok değil. Var, var. Ne olsa üç köyün bir ağası..."

"Üç köyün ağası mı?" demişim ansızın.

Ben, Osman Hasat'ı, çok yoksul birinin iyice sapsız, sapansız bir oğlu sanıyordum. Öyle olsa, delikanlı doktor çıksın diye nasıl kente gönderilebilirdi, o kentte bunca zaman nasıl barınabilirdi, diye düşünsene! Hiç aklıma gelmemiş. Bazan, bazı şeyleri düşünmemize hiç izin vermiyorlar, iki arada, bir derede, bir de bakmışsın, birşey zihnine şöylecene çakılıp kalmış. Ondan sonra gel de kaldır onu oradan, gel de sil. Silmek, kaldırmak ne söz, böyle birşeyin gereğini bile düşünemezsin artık. Demek ben de, kendi derdime düşmeden önce, çoktan Osman Hasat'ın derdine düşmüşüm. Onu hiç desteksiz, sipsivri öyle, bir büyük kentte yazar olmuş sanıp, o teraziyle tartmışım. Koca kentte dört çocuklu bir küçük memur oğlu mu olmak, Anadolu'nun ücra bir köşesinde üç köylü bir ağanın oğlu mu olmak? Bakıyorum ben, iyice kavruk bir adamım. Osman Hasat'ın beslenmesi yerindeymiş anlaşılan. Üstünden sağlık fışkırıyor. Belki, kentteki geçimi, büyük ölçüde hâlâ o üç köyden sağlanıyor. Üstelik, bildiğim kadarı, bunların çoğu, artık köyleri biryana koyup sınır kentlerinde birtakım vitrinsiz dükkânlar açtılar. Yeni bir tecim türedi.

"Ah bu büyük kentliler" diyor Osman Hasat, "onların bir acıma duyguları var ki, köylük yerlerden kim gelirse gelsin, tümüne karşı öyle yufka yürekliler ki, hah işte, bundan iyi yararlandım ben. Hah, hah, haaah... Gel, yavrum Osman, vah sana Osman, deyip deyip, o süslü karılar falan, beni bağırlarına bastılar. Beyzadeler de. Bizden çekindiler mi nedir? Bak, bu da doğru olabilir beyim. Belki, vicdan azabı da vardı işin içinde..."

Kuru ağaç gibi, dikildiğin yerden yazar çıkar mı? Osman Hasat'ın bazı yetenekleri var, belli. Tek başına sevimlilik ne işe yarar? Kimi şeylerin ayrımında olacaksın ki... Bununla birlikte, durum gitgide değişiyor. Büyük kentliler öyle, aralarına her karışanı bağırlarına basmaya istekli görünmüyorlar artık. Dünün en yufka yüreklileri, bugün caddelerdeki hoyratlıktan en fazla yakınanlar. Ama Osman Hasat, bu görüşünde haklı olabilir: İstemeseler, yakınsalar da, çekindiklerinden istiyormuş gibi görünüyorlar belki. Üç köyün bir ağası olamayan insanlar, can derdiyle, çatal bıçağı güzelcene tutmayı hemen öğrenemiyorlar.

1.

Hava giderek soğudu. Dışarda sinsi bir yağmur. Silecekler kötü çalışıyor. Saat, öğleyi çoktan geçti. Yüz kilometre daha gidersek, yemek yiyecek bir yer bulabiliriz, diye düşünüyordum. Yazarımız gümbürtüyle sordu:

"Acıktım birader!.. Yemek yemeyecek miyiz? Şöyle iki kadehçik içkiyle iyi bir yemeği hakettim doğrusu, haa!.."

"Yüz kilometre sonra, bir benzin istasyonunun kantininde yiyecek birşeyler bulabileceğimizi umuyorum. Bu yol üstünde, şu ara tek yer orası. Ama içki, pek sanmıyorum Osman bey."

"Yolu siz biliyorsunuz, ben bilmiyorum ki. Yanınıza bir şişe votka, kanyak, ne bileyim, birşey almalıydınız. Keşke ben akıl etseydim!"

Alın işte, kafamıza el çabukluğuyla tıkıştırılmış yargılardan biri daha: Ben, yol arkadaşımın yeniden halkının ortasına doğru koşturmasından hoşnut kalacağını, bundan esrikleşebileceğini, bu arada öğle yemeği için içkili bir yer isteyebileceğini aklıma getirmemiştim. Ne gaflet! Ayrıca, benim aklım o sıra, eski mektuplara, iyi kitaplara, hem de onun üç köyün ağası olan babasına, kentlerde hoyratlık edenlere, en çok da tıkandığını sandığım karbüratöre takılmıştı. Tam da Osman Hasat, ilk kitabını nasıl yazdığını anlatmaya başladığı sıra, motorda bir tekleme duymuştum. Yağmur, soğuk ortasında yazarımızı yollarda bırakmaktan korkuyordum. Belki de kendisini cankulağıyla dinleyemediğime bozulmuştur. Yol, yemek, içki konularında benimle böyle yüksekten konuşması, sesinin azarlayıcılığı bundandır.

Hiç aklımda yokken, yol arkadaşımın heveslendirmesinden midir, ona karşı duyduğum eziklikten mi; yemek yiyeceğimiz yere varır varmaz içki peşine düştüm. Kantinci, beni tanır. Gitti, bir yarımlık bulup geldi. Kendi şişesi. Taskebabı, pilav varmış. Salata, biraz da peynir koydu önümüze. Ekmek bayattı. Yazarımız istedi, o da ısıtıp getirdi. Heveslendim ya, şimdi yine araba kullanacağım; ben de bir yudum içsem mi, içmesem mi, diye gönül gezdirirken, baktım, Osman Hasat, şişeyi yarıya dek kendi bardağına boşaltıvermiş. Kantinci akşamcıdır. Ama Osman Hasat'la o da heveslendi. Herhalde, dostlarımla şöyle bir tek de kendim içerim, diye kuruyordu. Bakışlarından anlıyorum. Hem, tanıştığı bir yazarla kadeh kaldırması, ilerde çocuklarına anlatacağı güzel bir anı olabilirdi. Ne var ki, Osman Hasat, şişeyi kolunun altına almış, kimseye hatır sorduğu yok. O sormadıkça, nefis bu ya, benim de canım gerçekten bir içmek istesin! Sonra, kantinciye karşı da utanıyorum. Biz, onunla bakışırken, Osman Hasat, bardağındaki rakıyı diktiği gibi içti. Yeniden doldurdu bardağını.

"Yemek bu kadarcık mı ula?" diye sordu kantinciye.

İşte o zaman morardığımı, dengemin bozulduğunu anladım. Osman Hasat'a ters bir söz etmemek, yakasına sarılmamak için güç tuttum kendimi. Acaba, diyordum bir yandan da, rakıdan bana vermedi, benim canım da çok çekti; ondan mı bu öfke? Kantinci dostumun yüzüne bakamamaktayım. İşi gülmeye vurdum. Gülmek, ama ne gülmek! Ağlamaktan beter. Eğer öfkem nefsimin zayıflığına ise, sözde bu zaafı yazarımıza sezdirmeyeceğim. İçgüdüleri, hayvani eğilimleri dizginleyebilmenin insan demeye geldiğini yeniden kanıtlayacağım kendime ve böylece kendimden hoşnut kalacağım. Peki, kantinci dostuma karşı takınılmış çirkin tutuma karşı hiç tepki göstermeyecek miyim? Ona karşı da sırıtıp duruyorum. İçimde çizik bir plak dönüyor. Kantinci dostum da bana şaşkın bakıyordu. Tuvalete gitmek için kalktığımda, peşimden geldi:

"Ne biçim bir yazar bu?" diye sordu bana.

Ona, o ıssız köşede, geceyarılarına, kimi zaman sabahlara dek ocak başlarında bekleyen kantinciye, "Ünlü ve çok yetenekli bir yazarımızdır" diyemedim.

Yola çıkalı, ona bu kaçıncı bozuluşum. Daha önümüzde bir hafta, on günümüz var. Şantiyede bizimle kalacak. Ona yapımları dolaştıracağım. Ciple taa kayaların dinamitlendiği yere dek götürüp getireceğim. Yeni yolun üstüne yerleşmiş köye de ineceğiz. Sonra, kente götüreceğim. O, uçakla geri dönecek. Ama ne olacağız, nasıl uçlayacağız bakalım bu birlikteliği! Yoksa, ben insanları sevmiyor muyum?

İnsanlara karşı anlayışsızlıktan oldum olası korkarım. Nefret etmekten çekinirim. Melike... Aklıma ikide bir o düşüyor. Kitaplarını bir türlü okuyamadığım yazarımız da, beni bu konuda iyi bir sınavdan geçirmeye kararlı sanki. Benimse, bu arada, Gorki'nin, adı *Ey Kari* mi, *Kari* mi, yoksa *Ey Okur* mu; böyle birşey olan hikâyesinden tümceler vurup duruyor beynime: "*... Sen insanları seviyor musun? Kim, durup dururken, evet, ben insanları seviyorum, diyebilir. (...) Kendine içtenlikle bu soruyu soran kimse uzun uzun düşünür. Hepimiz pek iyi biliriz ki, herbirimiz en yakınlarımızdan bile nekadar uzağız...*"

Kantinci dostumdan yol arkadaşım adına özür diledim.

Osman Hasat'ı iyi tanımıyorum. Sonra, ne olsa; o, bütün insanlar da demek değildir.

Yine de, benzin istasyonunda iken, düşüncelerim henüz çok bulanıktı. Osman Hasat'a karşı nasıl davranmam gerektiğini açık seçik bulamıyordum. Yine Gorki: "*İnsanlar mı?*" diyor, "*Onlar ara sıra hareketlerindeki gaddarlıkla, düşüncelerindeki bozukluklarla çok şaşırtıcı olmakla beraber, her zaman çocukturlar. Ruhları sürekli olarak taze, sağlam gıda ile beslenmek ihtiyacındadır...*"

Dilin bozukluğundan, eteği düşüklüğünden ötürü özür dilerim. Ama ben, ne olsa, yabancı kitapları kötü çevirilerinden de okumak zorunda kalmış biriyim. Tuvaletten dönüşte, Osman Hasat'ı da kötü bir çevirinin, eskimiş bir anlatımın tümceleri olarak algıladım istemeden. Tutsam, birine anlatsam, onunla ilişkimizi dile getirmek başka türlü olamazmış gibi geliyor bana. Hâlâ aynı düşüncedeyim. Anlatırken yani.

Osman Hasat, masada ne var, ne yok, silip süpürmüş; ruhunu değilse de, midesini tıka basa doldurmuştu. Rakı şişesini bitirmişti. Birinin böyle çabuk içtiğini ilk kez görüyordum. Hesabı ödedim. Bu, Osman Hasat için her zaman çok doğal birşey olmalı. İlk romanını nasıl, hangi nedenle yazdığını anlatırken, ödeme gibi bir sorunu olmadığından da söz etmişti yanılmıyorsam.

Kantinci dostuma, ilerdeki ilk olanakta ve bu yana ilk gelecek araçla bir büyük şişe rakı göndereceğimi söyledim. Keşke söylemeseydim. Çok üzüldü, utandı. Benden böyle bir beklentisi olmadığını, suratını altı karış asmasının da yarımlık şişeden ileri gelmediğini biliyordum, ama sanki o "ula"yı böyle ödeyebileceğimizi sanmıştım. Ne kötü! Kabalık her yanımdan akıyor işte. Yazarımıza "Ağzını topla!" diyememenin sünepeliğini bir şişe rakıyla örteceğimi kuruyorum. Çok kötü.

Yeniden yola koyulduk.

5.

Osman Hasat, anlatıyordu:

"Masalarda kimseleri bulamadığım, paramın da suyunu çektiği o hafta var ya; sıkıntıdan geberiyordum. İçki de yoktu. Kendimi avutmak için, önüme evde kalmış eski bir okul defteri çektim. Kadınsızlık da başıma vurmuş bir yandan; nehre dalar gibi daldım sayfaların arasına. Yaz babam yaz, yaz babam yaz. Benimle yapılan bir konuşmada, daha sonra, 'Yazmak, bütün sıkıntıların canına ot tıkamaktır ve kendinden arınıp başkalarının yanında yer almaktır' demiştim de, bu sözüm çok tutmuştu. Doğrusu, o okul defterine yazdığım gibi çok ve çabuk yazabileceğimi önden ben de bilmiyordum. Büyük sıcaklar, büyük soğuklar; kurda benzer köpekler, köpeğe benzer kurtlar; çokça da ölüm... Bu, ölenler de olabilir, öldürenler de. Yeter ki ölüm bol olsun. Kan, kan, kan. Biz, yaşadığımız her şeyde, gördüğümüz üç beş filmde bile bunu böyle gördük, böyle anladık. Bizim ulusal kültürümüz bu. Göreneğimiz, birikimimiz bu, hayatımız bu. Kaçan da ölecek, kaçıran da. Seven de ölecek, sevilen de. Kötü de ölecek, iyi de. Herkes ölecek ki. Bitti'yi kondurabilesin. Benim, Bitti'yi kondurduğum gün, dördüncü gündü. Yayımlatmayı hiç düşünmezken, besbelli bu kadar çok ölümün etkisiyle, aklıma birşey geldi: Ben bunu, sürü halinde ceset görmekten özel tat alanlara yuttururum, dedim. Öyle de oldu. Ancaak, bu yufka yürekli ölümseverleri bulmak da güngünden güçleşmeye başladı. Devran değişiyor. Şimdi artık yazdıklarımda ölümlere değil, açgözlülüğe, açıkgözlülüğe daha çok değinmem gerekecek."

Susup kaldım. Zaten belli.

Bir süre gittik. Söğütlü bir derenin yanından geçtik. Telefon tellerine izciler gibi sıra sıra tünemiş bir dizi kuş gördüm. Biri de ön cama çarptı. Camdan, yağmur sularına karışmış pembemsi bir sıvı aktı. Keşke bu da tellere tüneseydi, orada kalsaydı, ıslansaydı, diyordum. Yolda başına çuval geçirmiş biri yürüyordu. Yakınlarda köy, ilçe; hiçbir yerleşim yeri görünmüyordu. Bütün bu sapa yolculuklarımda içim ürperir, düşünürüm: Şu ıssız, uçsuz bucaksız topraklarda tek başına bir adam, yayan yapıldak nerden gelir, nereye gider ki? Oysa, bir tepenin, bir toprak yığınının ardında küçük bir köy ya da orta boy bir ilçe mutlak vardır. İnsan, kendi gözüne görünmeyeni yok sayıyor nedense. O ıssızlıkta tek başına giden adamı, ömür boyu öyle gidecek sanıyorsunuz.

Bu ara, yağmur biraz azalmıştı.

"Büyük kent karıları beni çok tutarlar be abi!" dedi Osman Hasat ansızın, sırıtarak.

Neden söz ettiğini anlamamıştım. Sonra, birden niçin abisi olmuştum? Taa içinden patlamışta bu "be abi!"si. Tuhaf bir iç ezikliği duydum.

Başında çuval, dağ tepe giden yaşlı köylü iyice uzağımda kalmıştı. Kuşun pembemsi kanı camdan bütünüyle yıkanmamış.

Yağmur dinmişti. Ama sis vardı. Önümü göremiyordum. Zorlanıyordum.

Giderek sis daha yoğunlaştı. Eski otoyu, kağnı sürer gibi çok ağır, güçlükle sürebiliyorum. Sonunda durdum.

"Neden durdunuz?" diye sordu Osman Hasat, derin bir esnemeyle.

Sisi gösterdim.

"Uykum geldi" dedi. "Çok bekleyecek miyiz? Ben arkaya geçip şöyle biraz kestireyim."

Ne çabuk uyuyor. Bir dakika sonra, arkadan horultuları işitiliyordu.

Beklesem beklesem ne kadar bekleyebilirim? Kış günü. Çok geçmez hava da kararır.

El yordamı, göz kararıyla yeniden yolalmaya başladım. Saatte on kilometre hızla ya gidiyorum, ya gidemiyorum. Sonunda yine durdum. Artık önümü hiç göremiyordum. Kontağı kapadım. Boşuna benzin...

Bekledikçe arabanın içi de buz kesmeye başladı. Uyuyan kimse daha çabuk üşür. Değerli paltosunu ise, başının altına yastık yapmış. Üstümdekini çıkarıp onun üstüne örttüm. Uyandırırsam diye de korktum. Yok canım, belki de sadistçe bir eğilimle, kötücül duygularla, uyansın istedim. Üstümdekini onun üstüne örtme özverisini salt bu nedenle gösterdim. Kimbilir? Ama belli, ne yapsam, neden yapsam uyanmayacak. Çağdaş ruhbilimle artık fazla ilgilenmesem de iyi olacak.

Pek üşüdüğüm için motoru çalıştırdım. Çaresiz, usul usul yeniden yolalmaya başladım. Tam, zifir karanlıkta yürüyen biri gibiyim.

Arabanın motoru ansızın dumanlar çıkarmaya başladı. Birden, zınk edip durdu. Yatak yaktık, desem değil. Ama benim ilk aklıma gelen, nedense yine Osman Hasat'ın uyanıp uyanmadığı oldu. Kendime güvenim o kadar da eksik değil, sanıyordum. Oysa, Osman Hasat'la yola çıktığımdan buyana, baktım, o güven eksile eksile sıfırı tüketmiş. Motor, zınk edip durunca, ağzımdan da yüksek sesle bir "Yandık!" sözü fırlayınca, kendi sesimden kendim ürkmüş, ya uyandıysa, diye garip bir korkuya tutulmuştum. Demek, benim kendime güvenim, Osman Hasat'ın kendine güveni önünde tuzla buz olmuş, başı yerlerde dolanıyor. Hayret! İnsan dediğin ne de çabuk içine pısıyor. Hoşgörü, alçakgönüllülükle süklüm püklümlük arasındaki çizgiyi gel de ayır.

Kendimi bu acınası durumda yakalar yakalamaz, içimde boygösteren canavarı bir bilseniz! O canavar, Osman Hasat'ı iki bacağından, iki kolundan yakalayıp arabadan aşağı atıvermek istiyor. Demek ben yılanın biriyim? Uyuyan bir insanı, dağ başında, sisin, kurdun kuşun ortasında bırakmayı düşünüyorum.

Osman Hasat, beni ilkin içime pıstırmış, sonra da canavarlaştırmıştı işte. İki kimliğim de en uç noktasında. Belki de ben, arabanın dumanlar çıkarması, yol ortasında çaresiz, dayanaksız kalakalmamın nedeniyle dengemi yitirdim.

Kötü bir durum. Tek araç geçmiyor. Arabanın derdi neresinde?

Bu arada yere inmiş, derdi arıyorum; bulamıyorum. Motora daldım. Çamura yattım. Arabanın altına girdim. Her yanı yokladım; derdin nedenini bir türlü bulamadım. Sonunda, sisin içinde bir kamyon göründü. Kendimi önüne atıp durdurdum. Ters yöne gidiyordu. Basıp geçse, basıp geçebilirdi. İnsanlar her şeyi yapabilirler... Üstelik yokuş yukarıydı kamyon, durmak kolay değildi. Yine de durdu.

Kamyon şoförü bizi, sisin ortasından çekip çıkardı. Bununla yetinmedi. Arkasına bağlandık, en yakın ilçeye vardık. Gece çoktan bastırmıştı. Yazar, hâlâ uyuyor. Bense, yol göreneği diye bir göreneğin her şeye karşın hâlâ süregittiğine ben tanık oldum, biliyorum; o tanık olamadı, diye hayıflanmaktayım.

6.

İlçede karbüratörü söküp çıkardılar. Bakmaya götürdüler. Ben de arabanın içinde, başımı bir yana dayadım. Uyuklamışım. Sopayla bir merkebe dürtülür gibi, acımasız dürtülmelerle silkelendim. Demek iyice dalmışım. Tatlı uyku, uyku tatlı.

Osman Hasat, arkadan:

"Ne uyuyorsun beyim? Nerdeyiz, ne oluyor? Daha çok uyuyacaksanız ben başımın çaresine bakayım bari" diyordu.

Gözleri, yarı bıçkın, yarı ürkek; ülkenin taa neresindeki küçük bir ilçenin karanlıklara sarılı tek tük evlerinde gezindi. Pek birşey seçebildiğini sanmıyorum, ama:

"Herkes uyuyor yahu! Millet uyuyor! Ne olacak şimdi?" diye bağırdı.

Milletin uyumasına çok öfkelenmişti.

Artık içimden kesin kararımı verdim. Osman Hasat'tan ilk fırsatta kurtulacaktım. Onu sevmiyordum, sevemezdim, sevemeyecektim. Gorki, ne derse desin!..

Ama sanırım, bu sahneyi biraz daha başından almam gerekecek.

Kamyon şoförü bizi, ilçedeki bir onarımcıya dek çekmişti. Gecenin bir yarısı. Onarımcı, çoktan dükkânını kapayıp gitmiş. İlçede herkes uyumuş. Neyse ki, kamyon şoförü onarımcının yerini biliyormuş. Evine gitti, adamcağızı tatlı uykusundan uyandırdı. Giyindirip getirdi. Dükkânı açtırdı, bizi ona teslim edip gitti.

Kamyon şoföründen ayrılırken içime bir yalnızlık, öksüzlük çökmüştü. Belki de o dertlenmeyle uyuştum, uykum geldi. Osman Hasat'ın "Ne uyuyorsunuz?" dürtüklemesiyle o zaman uyandım işte. İçimde hâlâ aynı öksüzlük duygusu, hem daha da baskın.

Karbüratör temizlendi, yerine takıldı, ama araba yine çalışmadı.

Onarımcı, motorda bir bozukluk bulamamıştı. Arabanın neresinde ne var; yeniden zorlu bir incelemeye giriştiği sıra, Osman Hasat da aşağı inmiş, ona yaşamöyküsünü anlatıyordu. Böyle, biraz lâflayarak, sıkıntısını dağıtmaya çalışıyordu. Onarımcı, hiç oralı olmuyor, başını kaputun altına sokmuş, aranıyor. Derken, doğruldu. El fenerini Osman Hasat'a uzatıp:

"Sık şunu şuraya!" dedi kesin bir sesle.

Nerdeyse öne atlayıp Osman Hasat'ı bu yükten kurtaracaktım. Onarımcı, el yordamıyla koluma usulca bir dokunup, beni önledi. Ne yapacağımı nerden bildi? Öne atılacağımı, feneri Osman Hasat'ın elinden alacağımı? Ancak sezilebilir bir dokunuştu, ama yine kesin. Böylece, kamyon şoföründen boşalan yeri dolduruverdi sanki. Yalnızlık duygum, öksüzlüğüm bitti, gitti.

"Dalga geçme, doğru sık ışığı!" dedi onarımcı bir ara.

Osman Hasat, yaşamöyküsünü anlatmaya ara vermiş, tam o sıra. "Biz şimdi nerdeyiz, adam gibi bir yerde miyiz, sabaha çok zaman var mı daha?" gibilerden bir soru soruyordu; sorusu orta yerde kalakalmıştı. Onarımcının, kesin bir dille, "Doğru sık ışığı!" demesi üzerine, ayaklarını hemen bitiştirip, öyle, hiç ayrımında olmadan, hemen hemen bir hazırol durumuna geçivermişti. Hani, abartma sayılmayacağını bilsem, ökçelerini birbirine vurdu da, diyebilirim. Fenerin ışığını motor yatağına doğru çevirirken yüzünü gördüm: Ürkmüştü, korkmuştu, gereğinden çok uysallaşmıştı. Çabucak onarımcının buyruğuna girmişti. Soluk almaya bile çekinerek feneri, onarmanın buyurduğu noktaya tutuyordu.

Ah biz insanlar! Gerçekten, hepimiz hâlâ minimini birer yavruyuz. Küçüğüz.

Onarımcı, sonunda arabanın derdini buldu. O derdi iyi kötü giderdi. Araba bizi hiç değil şantiyeye atabilecek kadar. Biz de yeniden yola koyulduk. Ufukta silik bir aydınlık vardı. Osman Hasat, yanımda uslu uslu oturuyor. Süt dökmüş kedi hali. İnsanda, istemeden sevme duyguları uyandırıyor. Bakalım, bu durumda ne kadar gideceğiz. Yeniden ne zaman takınacak eski gürültülü halini.

Üstadım Gorki, şimdi bana, bu yazar hangi yazar, diye sorabilirsiniz. Böyle, ülkede hiçbir benzeri olmayan bir yol arkadaşını neden anlattığımı sorabilirsiniz. Özür dileyerek açıklamak isterim: Doğrusu, böyle bir yazarı ben de tanımış değilim. Onunla hiçbir yolculuğa çıkmadım. Ama, uzun, çok dönemeçli bir yolda yapayalnız gitmek zorundayım. Bu yolu sis ortasında, kimi zaman da tek başına geçmenin ne olduğunu bilirim. Gözün sürekli ilerde, önünde olsun diye, ya türkü söyleyeceksin, ya kendi kendine bir hikâye uyduracaksın. Odesa'dan Tiflis'e yayan gitseydim, benim yeni bir yol hikâyesi uydurmama hiç mi hiç gerek kalmazdı. Ama iyi kötü, motorlu bir araç içinde olununca, işte...

ŞİİR VE SİNEK

Oh, dedi Şükriye hanım, ohh, kızım geliyor. Oh Allahım, hiç aklımda yoktu, taa yaz ortasını bulur artık, başka gelemez diyordum, oh ne iyi oldu, bayram seyranlar da bitti artık peşpeşe, taş çatlasa mektebi koyup gelemez diyordum, geliyor işte, hey güzel Allahım, ne diye kapatıyorlar mektepleri böyle durup dururken, oh iyi oldu, çok şükür oh, kızım geliyor.

"Kızım geliyor İsmayilefendi, duydun mu, geliyormuş işte. Bak böyle yazıyor, oku da bak, nah işte mektubu, oğlun da okuyuverdi zaten, inanmazsan ona sor, yahut sen sormayı falan boşver de İsmayilefendi, koşuver ne olursun, çabucak koş git, bir kilo köftelik kıyma yaptır bana, al işte para, yeter mi, yeter yeter, sen köftelik de de, ben bir ekşilisini yapayım kızıma güzelcene, pek sever, aman maydanoz, maydanozu unutma İsmayilefendi, bir de dereotu İsmayilefendi kuzum, ha unutma dereotu, kendi kendime olunca, cinbaşıma, işte görüyor musun, hiçbir şeyler almaz oldum, aldırmaz da oldum, ye ye, yalnızlık; ne yiyeceksin, geçende makarnayı da size veriverdim zaten, bitiremedim, böyle tamtakır kurubakır bir ev oldu benim ev işte, sen bir kilo da şöyle en kırmızısından domates al bana, haa bir kilo da patlıcan kuzum İsmayilefendi, söyle o meymenetsiz zerzevatçıya, Şükriye hanım kızına imambayıldı yapacakmış deyiver de toparlansın kazıkçı pis, yine çekirdekli acı patlıcanları sokuşturmasın benim gibi birine, deyip kış turfanıdır, sokaktan toplamıyoruz parayı, bol keseden yaşamıyoruz, bir emekli maaşı bizimkinden, kime yetsin, kızıma mı, bana mı ha, ah Güler'im ah, kimbilir ne özlemiştir benim yemeciklerimi, ah okumak. Okumak, iyi. Güzel. Güzel de, koş git İsmayilefendi, hadi gecikmeyelim, yesin, işte canım okusun kızım, amaan, dilim şeydiyor, koş..."

Okumak, iyi. Güzel. Her ân yüreğim ağzımda lâkin. Hiçbir dakka şöyle rahatça gözlerimi yumamaz oldum, uykular zehir zıkkım, koş İsmayil olasıca, ne ağır yürür bu adam da, sallana sallana şuna bak. Saat kaç oldu kimbilir ayol, ne kaldı şurda akşama, gebertme işte geberesice. Hay kızım, şu mektubu daha önce atsaydın olmaz mıydı, yollarda mı gecikti nedir, postalar da bir âlem zaten hesabetsene, tam geleceği gün öğreniyorum geleceğini, ondan sonra hadi bakalım iki ayağın bir pabuca, yağ yok, un yok, et yok, seğirt dur artık, yetişebilirsen yetiş, zaten otur otur, ağırlaştım, yalnızlıktan iş güç tutmaz oldum, ha deyince toparlanıp kalkamıyorum ki... Bir güzel sofra kurayım yavrucuğuma, evine geldiğini anlasın bari çocuğum. Oh çok şükür, sağsalim ya, aman ne yapayım, neyi ne kadar yetiştirirsem o kadar artık, sağsalim gelsin de, girsin şu kapıdan içeri hele, off bacaklarım, kemik kemik, iki saat çözülüp açılmaz artık, hadi Şükriye, hadi gayret, kımılda, hiç aklında var mıydı, kızın geliyor işte...

Anaların, diyor Şükriye hanımın kızı Güler, anaların yüreği hep ağzında. Hep böyle oldular. Uykularında-uyanıklıklarında ölülerimizi görür oldular bütün bütün. Analara,

analara, en çok onlara yazılmalı şiirler çocuklar, en çok onları anlatmalı. Hep anlatmalıyız, okul kapılarına varamayan, hiç değil her akşamüstü, oh çok şükür sağsalim geldi bugün de, diyemeyen, her günün her akşamını bile bekleyemeyen, yarına dayanmak için her günün her akşamüstü olsun sevinemeyen, hep uzaktan, aylar ucundan kıvranıp duran anaları, onları anlatmalıyız. Şiirleri onlar üstüne, onlar için yazmalıyız çocuklar. Anaları çocuklar, insanları çocuklar, tutarsa şiirimiz ayakta tutar. En yakınımızdan başlamalı, onlara, onlar için en güzel şiirleri yazmalıyız.

Güler, bir akşamüstü anaevine vardığı zaman da, son yazdığı şiirinin en güzel şiiri olduğunu düşünüyor: Arkadaşlarım da onayladılar zaten, en katı kafalımız Zehra bile, ben şiirimi okuyunca yurtta, benim şiirimi dinledi dinledi de, kirpikleri çipildedi, gözüne inen yaş perdesini gizledi. Sesi bulandı da, "Sağol Güler"i bile çatallı çıktı, anlamaz mıyım? Anaları, anaları, şiirlerimizde onları da anlatıp, onlara da okumalıyız şiirlerimizi. Her şeyin içinde kendilerini de düşündüğümüzü bilsinler, başkaları da bilsin bunu, güzel olsun ama şiirlerimiz, en güzeli olsun; en çok buna çabaladım. Bir kutu çikolata, bir şişe kolonya, ya da üç metre kumaş. Yok, ama benim bir şiirim var. Güzel olmasına özenilmiş bir şiirim. Evi onunla donatacağım. Annemi...

Şimdi, daracık bir mutfakta annesinin kanter içinde ekşili köfteyi terbiyeleyişine, tezelden soğusun diye imambayıldıyı bir tepsi suyun içine oturtuşuna bakıyor, onun açıklamalarını –savunularını– dinliyor Güler: "Tabii kızım, tabii, geciktim, buzdolabına da sıcak sıcak konulmaz ki, daha doğru dürüst kullanamadan bozuluverir, paltonu bile yaptıramadan biz, buna sıvanmıştık, yazık değil mi?"

Salatanın maydanozunu, dereotunu ince ince kıyıyor Şükriye hanım, hiç olmadık bir sabırla, özene bezene, sızıldanarak bir yandan: Ah bak, sen gelmeden herbir şeyleri hazır edeyim dedim, yetişemedim, kaplumbağa gidişli İsmayilefendi'yle ne olacak zaten, olacağı bu. Elim mi ağırlaştı benim de, yapmaya yapmaya unuttum mu yapmasını? "Güler kızım, şu zeytinyağı şişesini uzat hele." Yoksa belki helecandandır, elim ayağıma dolanıyor, ay bak şişeyi kaydırıyordum nerdeyse, ilahi Şükriye karısı e mi, senden ne ot olur, ne ocak, derlensene, işte kızın tam bir hafta seninle, tam bir hafta dizinin dibinde. "Bir hafta demiştin, değil mi Güler, mektebi kapamalarıyla?" Acaba bir kilo daha patlıcan alsak mı? Camları silsek mi?

Güler patlıcandan, camlardan habersiz, annesinin beş günü bir hafta yapıvermesine sevecenlikle gülümsüyor: Arayı şiirle kapatırım. Şiir unutturur ona bir hafta değil, beş gün kalacağımı, şiir onu sevindirir.

"Anne, bu kadar inceleme canım, hadi oldu, yeter, oturalım şöyle başbaşa, sana ben..."

"Ah" diyor Şükriye hanım büyük bir çığlıkla, "Ah, acıktın tabii!" Güler, kızım, işte yine iğne iplik, avurtları iyice çökmüş, yurtlarda öyle, hısım akraba evlerinde kim bakacak ona tabii, kimse bakmaz, kim kımıldayacak onun için, kendi de bakmaz kendine zaten, nasıl baksın, yollayabildiğim para belli, benim durumum belli, o koca şehirde nasıl olur insan, nasıl doyunur? "Al, atıver ağzına sıcacık bir börek hadi, şimdi otururuz, sofraya ekmek koyduk mu biz?"

"Geldiğimden beri koşturuyorsun anne, ekmeği koydum" diyor Güler: Sesim hırçın çıktı. Acıktığıma veriyor, mideme. Daha kapıdan girince ilk işim şiirimi okumak olsun anneme, şiirini onun, demiştim. Hadi çay, diye tutturdu, mutfağa seğirtti. Hadi limonata, diye tutturdu, mutfağa seğirtti, akan musluğu anlattı. Elimden gelmiyor, tamirciler ateş pahası, ya bir de buzdolabı bozulursa ne yaparım, diyor. On dakika, henüz bozulmamış bir buzdolabı için hayıflanıp durdu: "Ya ölürsem ne olursun?" diyor. Kimin öleceği önden sırayla belli mi, artık sırası sekisi mi kaldı işin? Her şey durulsun, dinsin; şiiri okuyayım ona, diyorum. Artık böyle olunca, dursun. Yemekten sonra. O zaman okurum...

"Otur anne, şimdi sana bir şiir okuyacağım."

Öyle ya, artık tamam. Artık tam sırası. Evi dip köşe temizledik. Annemin başedemediği camları, kapıları sildim. Sürünüp giremediği yatakaltlarının tozunu. Musluklar ovuldu. Yeniden yemekler pişti. Çürük sebzeler ayıklandı. Yerlerine yenilerini taşıdık. Üçüncü gün banyo sobası yakıldı. Kendimiz de temizlendik. Akşamın altısı oldu. Çayını demledim. Geciktik. Eline yününü aldı. Şimdi içi enikonu rahat artık. Evin her yanı yeni ovulmuş pirinç kaplar gibi pırıl pırıl. Su kapları dolu. Gaz tüpleri dolu. Artık kafasının takılıp kalacağı tek nokta yok. Ben de dişimi sıktım, iyi sıktım. Sabırla bu saati bekledim, üç gün önce kapıdan girince ben, gözü şöyle bir elime kaymadı mı, yarım kilocuk kaymaklı lokum getirdi mi acaba diye? Ona elim boş, büsbütün armağansız gelmediğimi anlayacak şimdi. Gerçekte ben belki günlerce hep bu ân'a hazırlandım. Şu ân'ın annemi için çalıştım. Şiirini geceler boyu ince bir nakış işler gibi, ona güzel bir hırka örer gibi işleyip ördüm, maydanozu, dereotunu pul pul kıyar gibi. Ben için için hep dedim ki, analara, analara, şiirler en çok onların uykusuz, tedirgin gecelerine, doğranmış yüreciklerine. Zaman benim yalnız annemi, yapayalnız yüklenilmiş tedirginliklerinden çıkarmama izin vermiyor olur mu? Onlara, onlara... Durma ovulmuş, parlatılmış eski bakır taslarına bir demet çiçek koymalıyız.

O zamandı. Üçüncü günüm. Şiirini, –şiirimi– çantamdan çıkardım. Tam başlıyordum: Otur anne, şimdi sana bir şiir okuyacağım. İçerde ve içimde şiirimi yeniden gözden geçiriyordum. İyi ki ilk gece ya da dün sabah, gaz tüpünü değiştirmeye koştururken o beni, aceleye getirmemişim, –musluğu ingilizanahtarıyla gevşettim, kenevir sarıp sıkıştırdım, su sızması durdu– iyi ki o su, cız cız akarken okumamışım, iyi ki bu zamanı beklemişim, diyordum. Öyle. Güzel bir şiir bu. Musluğa keneviri sararkenden biliyorum, güzel, insanların tarih boyu tek taşını, tek özverisini atlamamış, onların dolanık günlerine ufacık ufacık tığlarıyla karşı koyuşlarını atlamamış bir şiir. Güzel örülmüş, dört kıyısına da iğne oyalarından bir sıra biber çiçeği dikilmiş. Artık zamanı. Okuyacağım onu. İşte annem, oturmuş, yünü elinde, dingin. Benim de elim cebimde, kendi üstüne katlanmış bir kâğıtta; yanına gidiyorum. Açacağım, kendi üstüne katlanmış...

"Acaba dolaptaki imambayıldıyı da versek mi İsmayilefendi'ye?"

Durduğum yerde durup kaldım. Elim cebimdeki, kendi üstüne katlanmış kâğıtta, kâğıttan birkaç milim uzaklaşmış olarak. Şiir benden kaçıyor. Hemen kavradım kâğıdı, cebimden çıkarıverdim. İşte şiir elimde. Görür görmez imambayıldıyı unutur sanıyorum.

"O kalan yemeklerle birlikte imambayıldıyı da verelim. Yemedin. Bari onlar yesinler. Üç gündür dolapta durup duruyor. Boşuna yer işgal ediyor."

Kalan yemekler, İsmayilefendiler, dolapta yer tutan imambayıldı zihnini kurcalayıp duracak. Şiirini iyice bir dinleyemeyecek. Şiir şiirsiz kalacak. En iyisi bunu da bitirmeli.

"Çok istiyorsan götürüp vereyim. İsmail efendi kapının önünde oturup duruyor."

"İyi olurdu ya, yorulacaksın. Çağır gelsin, yorulma."

Yoruldum, doğru. Ama kendi de bitti. Boyna didindik. Şiir? Henüz yok. Çay demleniyor. Annemin bir tepsiye dizdiği yemeklerle imambayıldıyı aşağı indirdim. İsmail efendiye verip döndüm. Yukarı, annemin yanına çıkıyorum. Şiirinden soğumuş gibiyim. Şiirimden. Yok. Cayma. Şiiri duyunca anlar, sevinir. Hele kendisi için yazılmış olduğunu öğrenince.

"Çay koyayım mı?"

"Koy ya. Oturup içelim. Bir oh diyelim."

Üç gündür yanındayım, hep bu ân'ı bekledim.

Böyle dedim ya, sanırım duymadı.

"Çay güzel demlenmiş" dedi, çay bardağını ona uzatırken ben. "Kendine koymadın mı?"

"Koydum. Getiriyorum."

Çayımı alıp karşısına oturdum. Az önce, imambayıldı nedeniyle yeniden cebime, –içeri– tıkıştırdığım şiirim var ya, şiiri, şiir yani, orda bumburuşuk duruyor. Çıkarıp hışırtıyla düzleyeceğim, Artık okuyacağım. Pencereden üstümüze güzel bir akşam alacası süzülüyor. Şiirin duvarını, desteğini kurmaya hazır.

"Kuru kuru içme Güler, biraz birşey ye kızım, bak orda pandispanya var" diyor. İspanya üşüşüyor aklıma. Kartpostallar, turizm acentalarının duvarları. İspanya. Annemin elinde plastik bir sinek öldüreceği, şıp diye sedirin kıyısına vuruyor o zaman.

"Nerden çıktı bu? Onca da dikkat ediyorum. Eve sinek sokmamaya çalışıyorum, bu saatte bile çekilip gitmiyorlar baksana."

Ah, İspanya! Gitmeli. Batması uzun süren güneşler. İnsanları böyle uzun süre yalnız bırakmamalı. Sanki bile isteye kaçıyoruz onlardan, sonra da avuçlarımızda şiirlerle geliyoruz, titizliği ondan arttı, öyle olmasaydı, sana bir şiir okuyacağım anne, dediğim sıra alt kata verilecek imambayıldıdan sözetmez, tek bir karasinek peşine düşmezdi. Belki ne dediğimi anlamadı annem. Gözlerini de, plastik sinek öldüreceğini de tümüyle karasinek peşine takması ondandır.

"Uzat bakayım ayaklarını şöyle. Bir de sigara yak. Sana anne, tamam mı, senin için yazdığım bir şiiri okuyacağım şimdi."

Öyle ya, bu da var: Okuyacağım şiirin herhangi bir kimsenin, herhangi bir kimseye herhangi bir şiiri olduğunu sanmasın. Bizim şiirimiz bu.

Yüzünde uçuk bir pembelik. Batan gün, akşamın külrengine erguvan tozlarını serpiyor.

"Benim için öyle mi?"

Sevindi. Pembelik. Ellerim çok kıpırtılı. Şimdi ona sunuyorum işte, lüks lâmbasının gömleğini dağıtmadan, toz etmeden, işte başlıyorum.

"Bu masa oraya yakışmadı. Yarın duvarın dibine çekelim mi? Oda daha genişler hem."

Doğru. Oda çok dar. İspanya'yı geriletip pandispanyadan alıyorum bir lokma. İçimi bastırsın. Şurama saplanan bir kurşun parçasını, şu lanet kılçığı içerlerime itsin.

"Şimdi çekeyim istersen?"

"Yok, yok. Sen yemeğin altını söndür de, onu yarın çekeriz. Ocağı söndür, yahninin altı tutmasın, cânım et, ağız tadıyla ye bari..."

Ocağı söndürdüm. Çayı bitmiş. Yenisini koymak istedim.

"Şiir okuyacaktın ya, çayın acelesi yok" diyor.

Şiir yere düşmüş, biber çiçeklerinin birazı solmuş, artık çok kötü olacak okumam, biliyorum. Yine de en büyük özlemim, dileğim kaç yerinden dilim dilim bölünmemiş, gün batmamış, odada yalnız daha koyu bir külrengilik kalmamış gibi –İspanya'mı anlamasın– geri oturuyorum karşısına. Şiiri yerden kucağıma taşıyorum, biraz sırtım ağrıyor ya da bir yerim, ama başlıyorum. Annemin elinde plastik sinek öldüreceği. Gözü bir yastığın üstünde. Bekliyorum. Sinek öldüreceğini yastıktaki sineğe nişan almıştı çünkü: Kızıma konma!

Bekliyorum. Plastik şeyi pat diye vurdu sonra yastığa.

"Hay Allah!" dedi.

Yine kaçırdı sineği.

Sonra işte, bir süre bekledik. Yaaa çocuklar, uzun süre bekledik.

Ah, diyor Şükriye hanım, ah İsmayilefendi, apartopar kalkıp gitti, bir hafta dedi, üç günde gitti, mektebi açılıverdi, ne var açılıvermeseydi, artık İsmayilefendi, yeniden bekle de bekle, şurda yatarken, üç gün, geceleri bir uyanıyordum, şuramda bir rahatlık duyuyordum, hayırdır inşallah ne oldu, birden bakıyordum İsmayilefendi, tabii ya, kızım yanımda, şimdi yine say dakkaları, say, sabah olmaz, gördün ya çöpe dönmüş, biraz toparlansın dedim, yedirdim içirdim çok şükür, lâkin şu karasineklere de bir çare bulmalıyız. İsmayilefendi, rahatsızlık veriyorlar, getirdiğin domateslerin ise yarısı çürük çıktı inan, söyle o pis zerzevatçıya, burnumuzun dibinde karasineklerini çekiyoruz bir de, olmaz böyle İsmayilefendi, olmaz! Ah sanki! Bak, tüh! Bir şey mi unuttuk biz?

İçim öyle diyor.

HADİ GİDELİM

Annesine,
anneme,
acısını bile
bir güzelliğe
dönüştürebilen
herkese.

“İşte” diyor, “ölü üstüne kaldı.”

Erkek kardeşim. Sevecenlikle dokunuyor koluma. Bir yere, eskiden tanıdığı bir arkadaşına telefon edecek. Onlara, “Biz geldik” diyecek. Böylece, üstünde kalan ölünün –ölümün– ağırlığından beni birazcık kurtaracağını umuyor belki. Yırtılıyorum.

Londra Havaalanı Heathrow’a şimdi indik. Nerden mi geliyoruz? Paris’ten. Oraya İstanbul’dan. Oraya da Ankara’dan. Ankara’ya nerden mi geliyoruz? Sayısını ve adını bilemeyeceğim bir yığın Anadolu kasabasından. Hani, gün batar batmaz yaşam eviçlerinde bir iki saatçik daha sürüyor, sürükleniyormuş gibi olur, aile babaları çizgili pijamalarıyla sedirlere uzanır, uyur, uyuklarlar; çarşının tek açık kalmış yerinde, bir aşevinde, aile babası olamamış küçük memurlar, kurufasulye ile helva eşliğinde rakı içerler ya, oralardan. Ama bu, yıllar önceydi. Alacakaranlık bir odanın gölgeleri içinde anamızın yüzüne erkenden çökmüş kıpırtısızlığı, odalardan sokaklara, bütün kasabaya yayılan mezar ıssızlığını seçişimiz. Kardeşimi şimdisiyle seçebilsem! Çok silik. Çünkü fazla yakın. Ancak, her şeyden bana yansıyan...

Kadın da:

"Biz aslen Konya'nın bir ilçesinden oluruz" demişti. Paris'te, çok ucuz otellerden birinin genişçe bir odasında, elektrikli çaydanlığıyla bana çay yaparken söylemişti bunu. Ama bu da çok daha önceydi. Yıllar var.

Şimdi Heathrow'dayız.

"İşte" dedi kardeşim, "ölü üstüne kaldı."

Üstümü başımı silkelemek istiyorum. Ne ki, üstüme kaldığını söylediği şey, sonradan konmuş toz değil. Ayrıca ortada ölü falan yok, ölecek olan da yok. Üstüme konmuş birşey yok! Salt koluma değen eli: Sımsıcak. Dipdiri. Ancak yüreğim. O, incecik kanıyor. Kan, kendini dışa vurur, görünür olursa diye korkuyorum. Günlerdir. En çok da son üç gündür.

Son üç gündür Paris'teydik. Yıllar önce, o kadının ürkek ürkek geçtiği sokaklardan geçtim yine. Onun, bir öğlesonu ve ilk kez tek başına oturup limonata içtiği, limonatasını içerken gözlerinin hep aynı noktaya takılı durduğu kahvenin önünden de geçtim. Biri tepesine hızlı bir yumruk indirmiş gibiydi. Başı omuzlarının arasına sıkışıp kalmış. Gözleri hep o noktada, yani bardak tabağının kırığında. Duruyor. Biri gelip, iki omuzu arasına sıkışmış o başı çekip çıkarsın diye bekliyor. Onu seçişim bu yüzden olmalıydı. Bir el omuzuna usulca dokunsa, başı göçtüğü yerden çıkacak. Gözleri tabağın kırığından kurtulacak. Bu, olmuyor. Hava kararmak üzere. Limonatanın parasını ödeyen elleri kaskatı. Parmakları, tutmak istediği her şeyi düşürüyor. Düşen dökülen her şeyini, o şeyler suçluluğunun birer kanıtıymışçasına toplamıştı. Çabuk ve ürkek. Sonra yine o sokak. Yine o otel. Yine o otelin odası.

Raspail'da yüzü bana tanıdık geldiği zaman, limonatasını içen o kadını düşünmüştüm. Onu, kahvede uzaktan görmüştük. Bizim gençler gülüşmüştü yanılmıyorsam. Masamızdakilerden biri de: "Bu bizden ve yeni. Hep de yeni kalacak" demişti. Bir suskunluk oldu.

Bir suskunluk oldu.

Herkes o kentteki ilk adımlarına döndü.

Kadın çabuk unutuldu.

Kardeşim ilk hafta hep, küçücük yaşta bir yatılı okula bırakıldığı, bırakıldığı yerde hiç arayanı soranı olmadığı duygusunu yaşamış.

Ama şimdi Heathrow'dayız artık. Orta yaştayız. Birlikteyiz. Telefonla eski bir arkadaş da aranacak. Londra'da bir doktoru göreceğiz. Öleceklerle ilgilenen bir doktormuş. Akşamın bir saati. Ellerimizde çantalarımız, vergisiz satış yerlerinden alınmış birkaç karton sigara, birkaç şişe içki de var. Plastik torbaları içinde. Onları telefonların yanına taşıdık; ayaklarımızın dibine koyduk. Salkımsaçağız. Kasabalarda her şey satan dükkân vitrinleri nasılsa öyleyiz. Sessisiz. Sigara içiyoruz. Genel telefonlardan birinin boşalmasını bekliyoruz. Büsbütün sessiz de sayılmayız.

Bu sabah, Paris'in küçük bir otelinde çantalarımızı toplarken sormuştum: "Dün gece kaçta yattın sahi?"

Hiç yatmamış. Paris'teki en son gecesinde bir gündoğumu daha yaşamak istemiş. O saate dek müzikli pek çok yer dolaşmış. "Düşün, bu yerlerden birinde bizim eski Gabrielle'e bile rastladım. Yorgun, yaşlanmış."

Artık başka birşey söylememişti. Gabrielle'e en azından bir demet çiçek vermiştir. Frezyaların beyazından. Garın oralarda sabaha dek açık bir çiçekçi dükkânındaysa, bu mutlak bir saksı Meksika güneştopu olmuştur. St. Germain'de rastladıysa, hem de Furstenberg Alanı'nın oralarda ve çiçek satan bir kadın yoksa, o da Hotel Danube'ün bahçesine dalmıştır. Hiçbir şey olmasa, Gabrielle'le bir müzikli yerden ötekine giderken yukarı zıplayıp iri, solgun bir çınar yaprağı yakalamıştır. Kışboyu düşmeyen, Gabrielle'e sunulmasını bekleyen. Gabrielle'e bunlardan birini uzatan elleri terlidir. Sonra başkaları olmuştur. Terli avuçlardan hoşlanılmamıştır.

Gabrielle'in bütün evi, kırmızı bir tuvalet çantasıydı. Hani şu üstten saplı, kutu gibi olanlardan. Gabrielle, Meksika güneştopunu bütün gece avucunda tutmuştur.

"Şu kıza öyle imreniyorum ki!"

Yıllar önce. O kadın bana bunu söylediği zaman yani. Bir başka kahvede oturuyoruz. Bu da, gece bastırdıktan sonra, onun ilk sokağa çıkışı. Ondan önceki alıştırmayı saymazsak. Ucuz otelin genişçe odasında çay içip uzun süre konuşmuştuk da. "Hadi gelin, birlikte çıkalım" demiştim sonunda. "Sizi her akşam gittiğimiz kahvelerden birine götüreyim ben. Her gece, hava artık karardı, diye bu odaya kapanmak olmaz. Belki kardeşimi de buluruz."

Yıllar sonra oralardan, yanımızda ölümle geçeceğimi ya da ölümü otel odasına kitledikten sonra o sokakları bu sabah bırakıp Heathrow'a ineceğimizi bilmiyordum. Telefonlardan hiçbiri boşalmadı daha. Bekliyoruz. Ne demek istiyor? Ölü üstüne kaldı işte... Acaba insan neler duyar böyle bir...

"Ellerindekileri yere bıraksana!" diyor kardeşim.

Bırakıyorum.

"Semra'nın iş numarası şurada yazılı olacaktı" diyor sonra.

Çok eski bir cep defterini karıştırıyor. Parmaklarının usulca titrediğini seçiyorum.

Kadının gövdesi her yanıyla kireç bağlamış gibiydi. Birlikte çıkalım, der demez, kireçler usul çıtırtılarla çözülmeye başlamıştı. Yüzünü silik bir pembelik basmıştı:

"Ne bileyim. Konya biryana, ben geceleri Ankara'da da tek başıma hiçbir yere çıkmazdım. Hiç çıkmadım. Annemse çok yaşlı. Artık ben de kırk yaşımdayım işte..."

Sonra çıktık. O saatlerde sokakların, caddelerin gündüzlerden daha canlı, aydınlık olduğundan haberi vardı. Yanımda, hangi uzaklıkta yürümesi gerektiğine karar veremiyordu. O kararsızlık içinde söylemişti. Belki de aynada kendisine bakmadan saçlarına şöyle bir çekidüzen verirken:

"Geceleri dışarda çok hareketli yaşandığını biliyorum. Odamdan bütün kentin uğultusunu duyuyorum. Saatler geçiyor, sonra günler, sonra haftalar geçiyor. Hep işitiyorum o diri uğultuyu. Otelin önünden geçen kadınların gülüşlerini, müzik seslerini. Pencereden bakıyorum. Karşıki yapının duvar dibinde öpüşenler görüyorum, özür dilerim. Benden çok yaşlı bir kadın, iki adamın kolunda dansederek geçiyor. Bazan başka bir kadın, bir adamı tokatlıyor. Adamın korunduğunu, ağladığını görüyorum. Sonra ışıklar... Benim odamın içine bile yeşiller, kırmızılar, sarılar doluşuyor. Bense bu kentte hiç yoğum. Geceleri büsbütün ölmüş gibiyim. Oysa, ölmüş de değilim. Çünkü dışarda herkesin bir biçimde yaşadığından haberliyim. Konya'daki evin penceresinden baksam ya da Ankara'da, sokaklar beni çağırmazdı. Burada ise çağırıyor."

Kederlenmiştim. Bunları söyledikten sonra koluma girmek istemişti. Bu kez de tedirginleştim. Ayağım eşiğe takılmış gibi yapıp, kolumu kolundan kurtardım. Ağız kalabalığı bir şeyler söyledim. Herhalde öyle yaptım.

Otelin bulunduğu sokağı geçtik. Köşeyi döndük. Caddeye çıktık, karşı kaldırıma atladık. Alışık olduğum kahvelerden birine girdik. Odasında çay içerken yüzünü saran uçuk pembelik silinmişti. Onca hızlı yürümemize karşın, mum gibiydi o yüz. Onu, bir müzeden taşıdım sandım.

"Limonata ya da çay içmeyin ne olur. Bir konyak ya da başka birşey."

Ellerine bakıyor. Parmaklarını şıklatıyor birbirine geçirip. Birkaç kez yapıyor bunu. Demek balmumundan değil.

"Ama ben hiç içki içmedim daha."

Başımı çevirmiş olmalıyım. Yok, bir tanıdığımı gördüm, onunla konuştum.

Garson içkilerimizi getirdi.

"Kendimi denetleyemezsem beni bırakmayın olur mu? Otelime götürür müsünüz?"

Ona takılmak istemiştim. Belki de azarlamak onu. Neden bilmiyorum, ikisini de yapamamıştım. Bana güvenebileceğini belirten tek söz çıkmadı ağzımdan.

Gabrielle'i o gece görmüştü. Uzaktan. Kız, kırmızı çantasını hiçbir yere bırakmaksızın masadan masaya dolaşıyor, masadakilerin yanına oturuyor, erkekli kadınlı, kiminin boynuna sarılıyor, kimisini yanaklarından, kimisini dudaklarından öpüyordu. Bunları yaparken küçük bir çocuk olurdu Gabrielle. Kadınımsılığını göremezdiniz.

"Bu delikanlıların hepsi arkadaşı mı şu kızın?"

"Hangi kız?"

Benim de Gabrielle'i düşündüğümü bilmesini istememiştim. Utanmadan sormuşum: Hangi kız?

"Elinde kırmızı çantasıyla dolaşan işte. Şimdi adamın ensesiyle oynayan..."

"A, evet. Hepsi de arkadaşı sayılabilir. Her gece birinde kalabilecek yakınlıkta olmaları gerek."

"Özür dilerim ama, adamın ensesiyle oynuyor!"

Can sıkıntısıyla başımı çevirdim, iyice biliyorum, içkisini önüne sürdüm.

Epey sonra, biz kahveden çıkarken söylemişti:

"Şu kıza imreniyorum."

Konyak içmemişti. Toniği bol, buzu bol, çok hafif bir cin içmişti. Onu da bitirmedi. Herhalde bitirmedi. Bardaktaki renksiz sıvı, sapsarı bir limon diliminin üç parmak üstünde... Dün de öyleydi. İçine bir dilim limon atılmış bütün cintonikler öyle.

Tanıştığımız gün yanımdan ayrılmamasını, benimle bir kahveye dek gelmesini saymazsak, birlikte ilk çıkışımız. Üstelik ona hiçbir güvence vermemiştim. Korkmayın, sizi otelinize dek geri götürürüm, demedim. Bir süre sonra kadından epey sıkıldım da. Korkmayın, demedim, evet. Sağdan soldan tanıdıklarım, dudaklarının kıyısında yampiri gülücüklerle bakıyorlardı bana. Nerden bulmuş bu ölü bit kabuğunu?

Kardeşim gelmemişti.

Dün gece de, neden sonra, kaldığımız oteldeki odamın içine doluşup duran yeşil, kırmızı ışıklar ortasında, ölümü odaya kitlemek için çabalıyordum. Yataktan kalkıp koltuğa, koltuktan kalkıp yatağa koşuyordum. Sonra yeniden o tek koltukta oluyordum. Orada ölümün üstüne oturuyor, kapıdan yana seğirtmesine, çıkıp gitmesine engel olmak istiyordum. Bu kez yatağın üstüne sıçrıyor, oradan bir hoplayışta kapıyı buluyordu. Ardından ben de kapıya koşuyordum, sırtımı dayayıp duruyordum orada. Bir el beni itiyor, kapı tokmağını yakalıyor, o tokmağı bükmeye çalışıyordu. Bükerse büksün. Terliyordum. Bükerse büksün. Kapı kilitli. Nasıl unuttum, kilitli kapı. Anahtarı gizledim. Kilidi kırmadan kapıyı açamaz. Derken, yüreğim ağzımda, anahtarı gizlediğim yere koşuyordum. Meğer biliyormuş! Kapının kitli olduğunu anlayınca oraya gitmiş. Ivır zıvır çantasının başında yeni bir itiş kakış başlıyordu. Sonra bakıyordum, beni bırakıp gitmiş. Odanın hiçbir yanında yok. Oysa anahtar hâlâ ıvır zıvır çantasında duruyor. Bu odada ölümle başbaşa kalmaya, onun beni almasına razıyım. Tek çıkıp gitmesin de! Tam da kardeşim Furstenberg'in oralarda, Gabrielle'e sunulmasını bekleyen kızıl çınar yaprağına hopladığı sıra, onu bulmasın da. İşte günlerdir ikisi arasında dikiliyorum.

Dikiliyoruz. Genel telefonların önünde. Her gece...

Her gece, gölgelere boğulmuş bir kasaba evinde, biz ikimiz elim sende oynamıştık. Şimdi, ölüm aramızda, elim sende oynamak istiyor benimle. Bunun için mi, işte, dedi az önce, ölü üstüne kaldı? Otel odasından çılgınca fırladım sokağa. Soluk soluğa, kardeşimin gidebileceği bütün kahveleri, müzikli yerleri dolaştım. Hiçbir yerde ne onu bulabildim, ne ölümü dün gece. Yırtık pırtık, odama döndüm. Ucu kocaman topuzlu anahtarla açtım kapıyı. Ölüm yatakta uyuyordu. Gözyaşlarımı tutamadım. Onu uyandırmadım. Yanıbaşında, koltukta yarı uyur yarı uyanık sabahladım. Onun için diyorum ki, Gabrielle'in şimdi yuvarlak bir saksı içinde üç çiçekli bir Meksika güneştopu mutlaka vardır. Bu sabah uyanır uyanmaz, yanında yatan adamdan önce ona bakmıştır. Camın önünde duruyor mu, çiçekleri hâlâ öylesi mercan alı mı, diye.

Kadının, yabancı bir büyük kentte, gecenin saat on birine dek ilk kez dışarda kalışı pek renkli sayılmaz. Elinde bir çınar yaprağı bile yok. Yine de, pek az içtiği cin etkisini göstermişti. Gülümseyip duruyordu. Ben susuyordum: Bütün akşamüstümü ve gecenin büyük bir bölümünü ona ayırdım. Zaten bir gün önce sinemada birlikte oturmuşluk. Daha ilk günden. Bu kadarı yeter ona. Gabrielle'i görmesi yeter. Özür dilerim, özür dilerim, artık herhalde alışmışsınızdır, yalnız çıkabilirsiniz. –Telefonların orada, çocuğun elini bıraktılar, çocuk düştü.– Ben elinden tuttum, ilk adımlarını attırdım. Artık kendisi yürüsün. Ya ölümü odadan kovalasın, ya kendisi çıkıp gitsin.

Onu otelin önünde bırakırken:

"Gördünüz işte" demiştim kesin bir tınıyla, "herkes istediği saatte çıkıyor, istediği saatte dönüyor. Çocuk değilsiniz..."

"Bunun böyle olduğunu biliyorum ama... Yine de..." demişti o da. Sesi pürtüklenmişti.

Hemen ayrıldım yanından. Otelin bulunduğu sokağı geçtim, kendimi yeniden ışıklı caddeye attım. Bulaşıcı bir hastalığa yakalanacaktım da, canımı kıl payı kurtarmıştım. Ciğerlerimde oksijen tükenmiş. Derin derin soluklandım. Tam o sıra kardeşimi köşedeki tütüncüden sigara alırken gördüm.

"Neredeydin" diye sormuştu bana. "Seni *Ville d'Avray*'a götürecektim. *Les Dimanches de Ville d'Avray*... Kasaba gibi bir yerde, pazar günleri, o tatiller nasıldır, büyükler de nasıl sevmek sevilmek isterler, tam da bulmuşken sanki... Yarın git, seveceksin."

"Konya olabilir mi orası?" demiştim ben de. Filmi görmüştüm.

Tuhaf bir gülüşle bakmıştı yüzüme. Kederli sanki... Ama çabuk toparlanmıştı. Üşütmeyen, serin, dingin bir geceydi. Güle oynaya nehir kıyısına dek indik. Işıklarıyla suya düşen kulelere, Rouen'a falan giden takalara, yüzen lokantalara baktık. Sonra beyaz şarapla kalamar yemiştik. Orada, yakınlarda, tünelde çalışan İtalyan işçilerle tanışmıştık. Onların tünel ağzındaki şantiyelerine de gittik. Müzik dinledik. Bize, Sicilya'nın testi şarabından sundular. Hepimiz de gençtik. Ölümü küçük kentlerde bırakalı çok olmuştu. Gün ağarıyordu. Biz de İtalyanları çorba içmeye götürmüştük. Masadaki anlaşılmamış bir deha, midye kabuklarını önüne dağ gibi yığmıştı. Bir daha hiç karşılaşmayacaktık. Ama o serin, güzel gece bizi hep karşılayacaktı. Kadını ne karşılayacak? Onu unutmuştum. Kardeşime hiç anmamıştım.

Dün gece, bizim bu kez kaldığımız otele yalnız dönerken, –ölümü odadan sokağa kaçırdığımı sanmamdan az önceydi bu– bir üst yanımızdaki sokaktan geçtim yine. O kadının, içinde altı aylığına bir oda tuttuğu otelin önünden de geçtim, işte, şurda bıraktım: Bir çay içmeye çıkmaz mısınız?

Ama bu, ilk tanıştığımız gün. Herhalde öyle. Bana, kaldığı yeri göstermek istedi de. Yok, ben onu götürdüm. Yağmur çiseliyordu. Biz de zaten sokağın yakınlarındaydık: Başka bir akşam gelirim, isterseniz yarın. Yarın gelirim, bir çayınızı içerim. Sonra birlikte çıkarız. Bir yerlere gideriz. İster misiniz?

Ben yanından ayrılırken, o yarın hiç gelmeyecekmiş sanmıştır. İşte o yüzü. Benim dün gece aynı sokaktan geçerken gördüğüm. Tam o noktada duruyor. –Annesi çocuğu kaldırıyor. Telefon, kordonun ucunda asılı kaldı. Yere sarkıyor.– Başı omuzlarının arasına kaçmış, o başı oradan çıkarmaya çalışa çalışa, gelin, ne olur, diyor. Soluk, ölü bir ses: Gelin, ne olur, çok yalnızım. Dün gece odamda, yatak-koltuk, kapı ve ıvır zıvır çantası arasında kendisiyle zorlu bir köşekapmacaya giriştiğim, nasılsa aynı balmumundan suratmış işte. O kadın olduğunu biliyorum, ama bu aynı yüz olmasına karşın, gelin, ne olur, çok yalnızım, diyen anlamı taşımıyor. Yırtıcı, parçalayıcı bir anlam bu. İpini koparmış bir ejder. Sanırım beni yoran başoyuncu öyleydi. Geri dönüşte, yatağımda uyur bulduğum ise, yakaran o yüz. Malatyalı bir genç de vardı uçakta. Kardeşim ona içki ısmarladı.

Yıllar önce. Kırklarında bir kadın. Ertesi gün, ona çay içmeye gidişim o zaman. Sonra onu bir kahveye götürüşüm, orada ilk içkisini içişi, Gabrielle'le ilgilenişi, ona imrenişi. Hepsi o zaman. Demek Gabrielle yorgun, yaşlanmış!.. Zaten kahveler de çok değişmiş. Kalabalık yine aynı kalabalık. Ama on kişi olunan masalarda bile herkes tek başına oturuyordu. Kırk yaşlarındaki o kadını otelinin önünde bıraktıktan sonra, güzel bir filmden çıkan, sonra beni kalamar yemeye götüren kardeşime rastladığım zamanlar böyle değildi. Masasında tek başına oturan bile, tek başına olmazdı. O kadın dışında kuşkusuz. Bir kez. Onu, tabağın kırığına bakarken gördüğümde. Sonra, Raspail'da, yüzü, bu takılı kalış nedeniyle bana tanıdık geldiğinde...

"Numarayı bulamıyorum" diyor kardeşim. "Görüyor musun, bu arada telefonun biri boşaldı, sıramızı verdik."

"Çağırmayalım. Kendimiz birşeye binip gidelim."

"Yok yok, çağıralım. Semra üzülür sonra."

Yeniden eski püskü defterinin sayfalarını karıştırıyor. Yüzü terliyor, biraz da solgun. Ürperiyorum. Keşke beklemesek!..

"İstersen ver, ben arayayım!"

"Şuralarda bir yere yazmıştım" diyor.

"Kızın adı Semra mı bakalım?"

"Amma yaptın!"

Gülüyor. Ürpertim duruluyor biraz.

"Ben Semra'ya başka bir kızın adıyla yazmadım ya o mektubu?"

Yeniden gülüyor. Eski püskü defterin bir sayfası düşüyor.

"Adres defterleri arasıra yenilenmeli" diyor. "Mektubu almıştır canım. Bizi bekler şimdi."

Bu doktor meselesi önümüze çıkmadan. Bay Ölüm ya da Ölüm hanım da peşimize takılmadan pek az önce, epeydir görmediğim bir arkadaşımdan mektup aldım. Tam da biz, genel telefonların önündeyken ve ölümü Paris'teki otel odasının yatağında uyur bırakıp bir uçağa atlayarak Heathrow'a inmişken işte, o mektup; incecik titrek bir yazıyla yazılmış: Uzun süredir haberleşemedik. Bir bezginlik. Ne bileyim, yaşlandım, yoruldum sanıyordum. Belki ondan kimseleri göremiyor, kimselere mektup yazılamazmış, diyordum.

Mektup geldiği yere gitsin, benden çekilsin! O arkadaşım bu mektuptan sonra ne yapıyor, başkaları ne yapıyor, nicedir bunu düşündüğüm yok. Eşyalarımızı telefonların dibine şimdi taşıdık biz. Yere düşmüş küçük, eprimiş bir defter sayfasına atılıyoruz. Semra'nın iş numarasını arıyoruz. Yarın sabah da öleceklerle ilgilenecek bir doktoru göreceğiz. Çocuk, telefonda konuşan annesinin elinden kurtulmak istiyor. Kendi kendine yürüyecek. Tam bu noktada. Nasıl bunca karanlık bir mektup yazılabilir? Hâlâ genç ve güzel bir kadın. Bağımsız. İyi de bir işi var. Yediği önünde, yemediği arkasında değilse bile, ay sonunu rahatça getirebildiği gibi, eski bildik sokakları, kahveleri, yüzleri iki gün üç geceye sığıştırmak için hiçbir nedeni yok. Ama yazmış: Kimseleri göremiyorum. Artık lokantalara çıkılmıyor. Yaşam pahalı. Evlerde oturuluyor, işten dönüyor, durmadan evi temizliyorum. Durup dururken, hiçbir zaman yemeyeceğim reçeller kaynatıyorum. Sonra biraz okuyorum. İşte saat on bir. Artık yatabilirim. Yatakta da biraz okuyabilirim. Zaten öyle yapıyorum. Ama sürdüremiyorum. Nedense beni bir gülme alıyor. Evet, kuşkusuz ben de biliyorum. Lokantalara artık öyle her aklımıza estiği zaman gidilemez. Kimse kimsenin yükünü çekemez artık, faturasını ödeyemez. Herkes kendi payına düşeni öderdi ya, artık o da güç. Ya biri aldırmazlık eder de, kendi payına düşeni ödemezse?.. Nasıl güvenilir? Sonra, aynı masada eşsiz, sahipsiz oturanları evlerine dek götürmek de var. Koruyucu istemeyenler çıksa bile, insanın aklı kalır; tek başına, gece karanlığında nasıl bırakılır o kimseler bu zamanda? Hangi köşeden ne fırlayacak, belli değil. İşte böyle oluyor. İçimden bu tür konuşmalar geçiyor. Gülmem de o sıra tutuyor zaten. Peki ama, diyorum, evlerde toplanılıp, kimseye çay, kahve de yapmadan, içki sunmadan, sigara tutmadan konuşmak, gülüp şakalaşmak da mı parayla? Erkenden toplanıp, erkenden dağılabiliriz. Böylece, hemen ertesi gün telefonun başına geçiyorum. Bütün arkadaşlara, bildiklerime telefon ediyorum: Akşam bana gelsenize... Herbiri, bir engeli olduğundan sözediyor. Öyle ya, ilkin işten eve atacaklar kendilerini. Şimdi bir yerden bir yere kımıldamak kolay mı? Kaç dolmuş, kaç taksi... Benzin yok, pahalı. Sonra şu, geldikleri yere tek gelmek zorunda olanlar yine... Her seferinde de gidilen yerde yatılamaz ya? Ortada çocuklar, yaşlı ve hasta ana babalar var. Ayrıca, gecelenecek yerler kaç metrekarecik? O eski konaklar, yalılar, iki katlı Üsküdar evlerinde değiliz ki ve kaç metrekarecik zaten içimiz! Bakarsın Veysel geldi mi, hiç gitmeyiverir sonra. O zaman ne yaparım? Bir kadeh içti mi dili dolanıyor, ne konuştuğunu bile anlamıyorum. İçki verilmeyecekse de gelmiyor. Bugünler yine evsizmiş diyorlar. Haklılar, kimse hiçbir yere gidemez. Ben kimseyi çağıramam. İşten dönerim. Durup dururken evi bir kez daha temizlerim. Keşke Veysel olsaydı da, musluğu yine kusmuk içinde bıraksaydı, diyemem. Bunu sevmem. Hiç canım istemediği halde bir tepsi börek yaparım. Yeniden reçeller kaynatırım. Yere düşmüş bir çöp bile her ân gözüme batar olur. Kullanılmaya kullanılmaya toz tutmuş yemek tabaklarını deterjanlı sularda yıkarım. Yeniden tozlansınlar diye yerlerine yerleştiririm. Yine okurum. İşte saat on bir. Yatarım. O zaman yeniden gülme tutar beni. Gözlerim neden yanmaktadır ve sabahları şiş şiştir? Çok mu okudum? Çok okudum. Kitap baskıları iyi değil. Dizgiler felaket! Romanlar kötü arkadaşlar gibi. Şiirler çok çatık kaşlı. Gülmecelerde gözyaşı eksik. Dramlarda tebessüm. Epiklerde hiç yalnız insan yok.

"Eski telefon defterini yenile" diye yazacağım ona.

"Bir kadın vardı, anımsıyor musun? Hani yıllar önce?"

Kardeşim ansızın sesini yükseltiyor. Defterde bir noktaya parmağını basmış:

"Buldum! Buraya yazmışım işte. İşte şu numara. Hadi, sen telefon ediver. Eski ve çok iyi bir dostun sesi yıllar sonra ilk kez bir makineden geçerek işitilmemeli. Yüzyüze gelinmeli. Hadi, de ki, biz geldik. Burda bekliyoruz. Öyle de! Semra gelip alır bizi..."

Neden bu Semra'ya taktı kafasını bilmem ki? Şimdiye çoktan, ayırttığımız pansiyonda olurduk. Neden rahatsız etmeli Semra'yı?

"Bak işte, şu telefon boşaldı, hadi!.."

"Şunları tutsana!.."

Neden rahatsız ediyoruz Semra'yı?

"Boşalmamış. Bu kadın da bütün kenti mi arıyor nedir? Bak çocuk yine düştü işte!"

İyi ama, neden rahatsız edeceğiz Semra'yı?

"Belki sizi rahatsız ediyorum. Belki bana zaman ayırmak istemezsiniz. Kardeşinizle olmak istersiniz, arkadaşlarınızla. Ama ben kendim, tek başıma bir kahveye bile gidemiyorum. Oralarda öyle tek başıma oturursam, ne bileyim, sanacaklar ki... Bir kez oturdum. Bir limonata içtim. Nereye bakacağımı şaşırdım. Gözüm bardak tabağının kırığına takılı kaldı. Ölsem, cesedim nekadar rahat ederdi orda! Hoş, oturdumsa hiçbir şey anlamadan, ölmüş gibi... Evet, gerçi benimle aynı bursu alıp gelmiş erkekler de var.

Kimi Adana'dan, kimi Sivas'tan, kimi İzmir ya da Ankara'dan, çoğunluğu Erzurum'dan meslektaşlar. Onlar da benim tek başıma çıkmamı hoşgörmüyorlar. Öyle anlıyorum. Bir gece çıkayım demiştim, hemen şuracığa, anacaddeye dek yürümüştüm. Bir iki vitrine bakmıştım. Görmüşler. Ertesi sabah bana kursta ne dediler biliyor musunuz? Paris'e gelir gelmez erkek aramaya başladın, kolay gelsin bakalım, dediler. Geceleri yalnız dolaşan kadınlara böyle bakıyorlar. Onlar, kendileriyle çıkmamı da istemiyorlar. Memlekette isterler, fakat burada istemiyorlar. Parisli kadınlar arıyorlar. Böylece, erkek erkeğe gidilebilecek yerlere gidiyorlar. Memlekette evliler hepsi de. Benim, burda ne yaptıklarını, nerelere gittiklerini, hangi kadınlarla, özür dilerim, düşüp kalktıklarını bilmemi istemezler haklı olarak. İçlerinden biri teklif etti. Bir kez. Artık çok sıkılmıştım. Onunla bir kahvede oturmayı kabul ettim. Kabul ettim diyorum ya, pek de öyle değil. Ötekiler sözleştikleri yere gelmemişler, bu da yalnız kalmış. Artık bir köşeye oturduk. Ben çay içtim, o iki bardak bira içti. Sonunda ısrar billâh, çay paramı kendim ödedim neyse. Arkadaş ödemek istedi istemesine; bilirsiniz, bizde erkekler yanlarındaki kadına para ödetmezler. Sahi, benimle onun için mi çıkmıyorlar acaba? Bakın, bu da olabilir. Burada paralarımız daha kısıtlı, öteberi de alacaklar daha. Neyse işte, ben direttim, kendi çay paramı kendim ödedim. Ne bileyim, yine de otelin önünden ayrılırken, özür dilerim fakat, odama çıkmak istedi. Öksüzlük, hasret, falan dedi. Bende de suç oldu. Dönerken, sokakta kolumu tutmasına, arada bir sıkar gibi yapmasına ses çıkaramadım. Yüzüne vuramazdım, benim aklım kötülükte sanırdı. İşte o da, otele gelince yukarı çıkmak istedi. Kovdum tabii. O da bana bağırdı: Hadi ordan orospu! O gece bulvarda erkek aranıp duruyordun ama!.. Görmedik sanki. Bize gelince...

Düşünün ne oldum. Şurda, otelin resepsiyonunda oturan adamdan nekadar utandım. Gerçi dilimizi bilmiyor, yine de ne olup bittiğini anladı. Anlamaz mı? Neyse ki şimdi, ben otele döndüğüm saatlerde gece bekçisi bu adam henüz gelmemiş oluyor. Böylece karşılaşmıyoruz. Fakat ya gecikirsem, ya benden önce gelmiş olursa, o sahneyi düşünürse, diye öyle korkuyorum ki. O gece odama çıkınca çok ağladım. İyice yıkandım. Beni orospu gibi gördü, düşünün! Çok yıkandım. Sonra artık bir ilaç alıp yattım. Keşke, bizi böyle grup göndereceklerine tek başına gönderseler. Yanımda bir kadın meslektaşım olsaydı bari..."

Odasındayız. Elektrikli bir çaydanlık almış, bana çay yapıyor. Benim için çörekler, eklerler satınalmış. Görünümleri kendisine tanıdık gelenlerden. Ama acaba aynı şeyler midir, tadını bilmiyormuş ki... Geniş bir oda. Ben, çok küçük olacağını sanıyordum. Benim o sıralar üç dört metro istasyonu aşağıda kaldığım odadan nerdeyse iki kat genişlikte bir oda. Geniş, eski bir karyola, eski iki koltuk. Pencerelerde kırmızısı solmuş perdeler var. Kapının arkasına kırmızı bir sabahlık asmış. Ona baktığımı anlamıştı: "Ne bileyim, heveslendim işte" demişti yüzünde yine o uçuk pembelikle. "İlk giyiyorum böyle birşeyi. Kahverengi ile gri renkten başkasını giymemiştim. Gecelik, sabahlık deyince de, en çok ölgün yeşil, ölgün sarı. Zaten hep renksizim. Bu renkler içinde iyice renksiz oluyorum. Kırmızıya hevesleniverdim işte. Hem zaten odanın içinde giyiyorum."

O gece görmüştü. Gabrielle'in kırmızı çantasını demek istiyorum. Ah, umarım daha sonra, Gabrielle Gabrielle'dir ve kırmızı çantalıdır diye, o kırmızı sabahlığından caymamıştır. Geniş karyolada kırmızı sabahlığıyla o zaman... Yola çıkmadan önce kendisinden mektup aldığım arkadaşım, bu saatte işinden dönmüştür artık. Aylardan şubat. Bu mevsimde ne reçeli kaynatılır? Belki ayva marmeladı yapar. Belki de portakal kabuğu biriktirmiştir. Bu gece onları ince ince dilecek, sonra başlayacaktır: Sonra da biraz kitap okurum. Saat on bir olmuştur. Yatarım. Yatakta da biraz okumak isterim, ama yapamam. Beni bir gülme alır. Fazla mı güldüm, ne oldu? Dramlarda tebessüm eksik, güldürülerde gözyaşı...

"O değil, şu numara" diyor kardeşim.

Telefondakinin ölgün bir sesi var. Dışişleri'nde çalışan memur kızlarımızdan biri yani. Fakat Semra değilmiş, Nilgün'müş. Geleceğimizden haberliymiş. Kaç uçağıyla geleceğimizden değil ama. Bundan haberli olsalar, Semra oradan ayrılmazmış. Ne yapıp yapıp karşılamaya gelirmiş.

"Ben şimdi gelip alırım sizi. Semra'yla aynı evi paylaşıyoruz zaten. Konuştuk. Ben gelip alacağım. Bizimle kalırsınız. Bu gece bırakmayacağız..."

"Konuşan kim?" diye soruyor kardeşim. Ansızın çok yorgun.

"Nilgün hanım. Gelip bizi alacakmış. Bizim için neden rahatsız olacaksınız Nilgün hanım? Dilerseniz... Pansiyonda görüşelim... Dilerseniz... Yarın sabah doktorla randevunuz var zaten..."

"Nilgün mü?"

Almacı elimden kapıyor kardeşim:

"Nilgün, Semra kadar yakın arkadaşım benim! Alo? Nilgün? Senin de burda olduğunu bilmiyordum. Ne güzel! Çok güzel! Hadi, hemen gel. Evet, evet, olur. Bu gece sizde kalabiliriz. Yemeği sizde yeriz peki, sizde yatarız, olur. Çok iyiyim. Çok iyi. Aldırma. Ben hiç inanmıyorum. Ama çok üstelersen, ayıp olmasın diye ölebilirim hah hah ha... Paris? Nasıl olsun, masmavi bir hafta sonu. Yani, mavi işte, anladın mı? Sisli biraz... Biraz sarhoş..."

Nasıl da gülüyor. Arkadaşım tam şimdi evinden içeri girmiştir. Yatağa uzanmasına daha çok var. Yatakta gülmeye başlamasına... "Gel, bekliyoruz. Ne kadar sürer? Bir yarım saat sürer mi? Peki, bekliyoruz. Barda oturup bekleriz. Bizi orada ara!"

Kapatıyor. Terleyen ellerini siliyor. "Şu âleti hiç sevmem" diyor.

Çantalarımızı, plastik torbalarımızı bara taşıyoruz. Susadığını, bol sodalı bir viski içeceğini söylüyor. Yarın bu karaciğer o doktorun karşısına çok yorgun çıkarsa ve bu doktor da... Demek öyle? Demek Semra'yla aynı evi paylaşıyorlarmış! Çekinecek birşey yok. Bizi istiyorlar işte. Zaten her gece televizyon başında canları sıkılıp duruyormuş. Dışarı pek az çıkıyorlarmış.

Semra'yı anımsar gibi oluyorum.

"Güzel kızlar değiller ikisi de. Ama çok iyi kızlardır" diyor kardeşim. "Sen ne içeceksin?"

Havaalanının barında oturuyoruz. Masmavi bir Paris hafta sonu ardından. Gerçekten, aylardan şubat olmasına karşın, Paris'te hava açıktı. Montparnasse Garı'ndan içeri dalıyor, sonra yeniden ve bu kez üst baştan giriyordum Rue Delambre'a. Yedeğimde o kapkara gölge, içime kitleyememişsem, elimde. Ama tasmasını sıkı sıkıya tutuyorum hep. Geceleri boğuşacağımız...

"Viski mi içersin sen de?"

"Ben şey içeyim... Sek bir konyak meselâ..."

"Aaa, yapma!" diyor kardeşim. "Yemek üstüne içersin. Nilgünlerde bizim Calvade şişesini açarız. Kızları biraz şenlendiririz."

"Cin içeyim öyleyse."

Bir dilim limon. Buz. Toniği çok az olsun lütfen. Hayır, çok olsun. Bardak ağzına kadar dolsun.

Başım dönüyor. İçim bir hoş.

Yükselip alçalmaktan, bir kanaldan akan valizlerden, sonra bir raydan akanlardan, uzun dehlizlerden, uğultudan, elektrikli ya da döner kapılardan, çınlayan zillerden, verilen anonslardan, ordan oraya geçişlerden, ortada, hep ortada yürümekten, sonra yeniden Montparnasse'a çıkmaktan... Barda, üstüne ışıklar üşüşmüş renkli şişeler...

Cadde üstündeki kilisenin kulesi ışıl ışıl oluyordu. Çiçekçiler yolun bir bölümüne dizilmişler. Mimozalar arasına öbek öbek konmuş ilkyaz ve yaz çiçeklerinin adlarını sesleniyorlardı erkenden. Şebboylar, menekşeler, papatyalar, kardelenler, saksılarda alpmenekşeleri, begonyalar, bir tanecik de Meksika güneştopu vardı onca kaktüs türü arasında. Çiçekçi kadınlar en çok "Marg'rettöö, marg'rettöö-ö!.." diye bağırıyorlardı. Şimdi Nilgün'e masmavi bir Paris'ten söz etti. Ne zaman görmüştük o Paris'i? Gündüzleri oteldeki odasında yatıyor, –ne düşünüyor, uyudu mu, uyuyabiliyor mu?– bense elimde tasmasıyla dolaştırdığım ölüm, girip çıktığım sokakları, kilisenin kulesine vuran janjanlı ışığı, çiçekleri, kahvelerin sabah sessizliğindeki taraçalarını dumanlı bir jelatin kâğıda sarılı olarak seçiyordum. Akşamüstüne doğru, Vavin'in başıyla Montparnasse Garı arasındaki bütün sokakları içine alan geniş bir dikdörtgeni dokuzuncu kez çizmiş bulunuyordum. Otele yedinci uğrayışımda ise artık kalkmış, tıraş olmuş, tertemiz giyinmiştir. Bir şarkı mırıldanır. Önce bir içki içmemizi, ardından da güzel bir yemek yememizi önerir. Saatlerdir sokak sokak dolaştırıp avuttuğum şeyi tutup içime kitlerim. Üstüne asma kilidini vururum. Bir tekmelemedir başlar. Göz ucuyla kardeşime bakarım. Gümbürtüleri işitmesinden korkarım. Hoş, o da işitmek yanlısı değil sanırım. Biz daha büyük bir gümbürtüye başlarız. Geçmiş günlerin Paris'ini hiç konuşmayız. Ama daha da geçmiş günlerimizi, çocukluğumuzu çok konuşuruz. Çok da güleriz. Bazan, onun buradaki eski tanışlarından, dostlarından birini aramaya gideriz. Önceki gün, bunlardan birini bulmuştu. Dün de erkenden toparlanmış, otele benim için bir not bırakıp çıkmıştı: Şuraya gel, seni Güran'la orda bekleyeceğiz.

Oraya gittim. Güran'ı burada bir besteci olarak bırakmıştı. Bir fotoroman yapımcısı durumunda bulmuş. Güran, köstebek yaşamına karşıymış. Şimdi bir Fransız karısı, iki de çocuğu varmış. Paris dışında bir evde oturuyormuş, asûde... Saçları biraz dökülmüş, biraz da şişmanlamış. Kardeşim onu bulduğu için çok sevinçliydi. Otele bıraktığı notundan da yansıyordu bu: Bütün gece birlikte oluruz, evine gideriz, çocuklarını görürüz... Ama oturdukları yerde donuk, uzak bir Güran'la karşılaştım. Bizimle dört viski içti. Dördü de işe yaramadı. Hava kararırken de kalktı: "Özür dilerim, eve dönmem gerek. Karım bekler. Memnun oldum."

O gidince, aramızda bir ölüm sessizliğiyle bir süre oturduk. Gidenden hiç konuşmadık. Sonra da Güran'ın içtiği viskileri ödeyip kalktık. Yemekte iki şişe Bourgogne içti kardeşim. Lokantadan çıkarken de: "Bu Güran ölmüş canım" dedi.

Ölüme değgin tek sözü bu işte. Topu topu bu. Gabrielle'e Meksika güneştopu ya da solgun bir çınar yaprağı sunuşu bunun ardından olmalı. Ayrıca ayakkabısının ökçesi çıkmış. Gecenin bir saatinde ayrılmıştık.

Ben, kaldığımız otelin sokağına girmeden önce, bir yukardaki sokağa girerim. Orada, bir başka otel kapısı önünde, ilk kez bir kırmızı sabahlığı olan, kırk yaşlarındaki kadının yüzünü görürüm. Ama şimdi bana, o kırmızı sabahlıktan da, geceleri ışıklı bir caddeye tek başına çıkamamaktan da söz etmez. Ne de, otelin gece bekçisi önünde, ülkesinden bir adamın, orospu diye haykırışından... "Geçen akşam bulvarda adam aranıyordun!.." Bunu unutmuş olur ve kilitlide tuttuğum şeyi çekip çıkarmak ister ya da elimden tasmasını kapmak. Ben, çekilin derim, çekilin, çekilin, kaçıracaksınız onu! Bir üst sokağa çıkarım, ama bu kadın peşimi bırakmaz; hırlayarak beni yeniden, kaldığı otelin önüne çeker. Hayır derim, bırakın bu kentte masmavi bir sabah olsun! Der demez, bakarım ki tasmanın ucunda o kadın. Onun işte bu yüzü: Uluyor, hırlıyor, üstüme üstüme çullanıyor. Yukarı çıkmaz mıydınız? Bir çayımı içmez miydiniz? Defol, diye bağırırım, uğursuz cadı! Demek kızlar elçilikte çalışıyorlarmış. Geceleri televizyon seyrediyor, patlatılmış mısır yiyorlarmış!

"İçmiyorsun sen?"

"Bir kahve içmeliymişim..."

"Ayakkabının ökçesini de düşürdük. Şöyle, altı kauçuk, ökçesi düşmeyen güzel bir kışlık ayakkabı alacağım burdan."

Kolunu boynuma atıyor birden.

"Hani öğrenciyken, ben de Fransız gençlerine özenmiştim de, üstüme mavi kottan bir işçi tulumu geçirmiştim. Bir de kasket. Amma da maskara olmuştum ha! Kendimi odama dar atmıştım. Alışık olduğum, babadan görme pantolonu giyip yeniden gelmiştim yanınıza... Fakat canım, pabuç pabuçtur. Ayağın içinde rahat ettikçe, pabucun özentisi olmaz. Ha bak, şu genç mösyönünki gibi yaldızlı, ökçeli birşeyse, o başka... Nilgün'ü seveceksin. Semra'yı hatırladın mı? Siyah, düz saçlı bir kızdı hani?.. Sıkılgan."

"Anımsar gibi oluyorum ama..."

"Çok içine kapalı bir kızdı. Hâlâ öyle mi acaba?"

Ansızın Güran. Şimdi aramızdan o geçiyor. Nedense eminim. Ama kapısının ardında kırmızı sabahlığı asılı duran kadını bütünüyle unutmuştur. Hiçbir amacım olmadan soruyorum:

"Bir de kadın vardı hani?"

İçkisinden bir yudum alıyor. Barmene gülümsüyor.

"Geçmişte orada, o kadar çok insan tanıdım ki. Hangisi?"

"Bu kez bizim de oturduğumuz sokağın bir üst sokağında oturan. Camdan kısa saplı bir şemsiyesi vardı..."

"Sıcacık birisi olsa bilirdim. Öylelerini de sen tanıştırmazsın bana..."

Gülüyor. Barmene göz kırpıyor bu kez. Barmen de gülüyor: "Hayat güzel ha, Sör?" diyor. Görevlerinden biri de bu onun: Müşteriyi doğru keşfetmek. Kardeşimse başını omuzuma koyuyor, yine gülüyor. Gülerken babasının –babamızın– kurban ve şeker bayramlarında ortaya çıkardığı yüzüne, en çok o yüzüne benziyor yüzü.

"Evet efendim" diyor barmene. "Her zaman!"

Babamızın yüzünde hep o bayramlık ışıltılar.

Uzun yaşadı sayılır. Gereken yaşını yaşadı. Babamız. Bir de tuttu elimi öptü. Elimi neden öpüyor? Oysa, kendisini pencereden atmak istiyordu. Onunla bütün gece boğuştuk. Bütün günler, aylar, yıllarboyu boğuştuk. Yok, kendisini pencereden atmak istemiyor. Odalarda dolaşmak, sokağa çıkmak, bizimle tartışmak, Samanpazarı'ndaki tahılcılardan çocuklarına kuru fasulye, kuru bamya falan almak istiyor. Böyle, ikidebir yatağından fırlıyorsa, bundan. Kurtuluşta düşmanı nasıl yerle yeksan ettiğini anlatacak da ondan. Ya da, Sirkeci otellerinden birine bir kadın çağırmak istiyor. Yatağında bir kadın olsun, el ellerinde, annem yokken yani, annem uzaktayken işte, öksüz girdiği yatakta ayakları, bacakları üşümesin, ilkin otelin en üstüne, o beton düzlüğe bir rakı sofrası kurdurmalı; şöyle Köprü'ye, Haliç'e karşı. Babam hiç içki içmedi.

Babam hiç sigara içmemiştir. Annemden başka kadın yüzü görmemiştir. Bir masada, rastlantısal olarak elinin yanına düşen bir kadın elini tutabilmeyi çok istemiştir.

Tutmamıştır. Çalışkandır, doğrudur, Türk'tür. Biraz dindar, biraz da tüccardır. İştahı yerinde, hafızlıktan kalma sesi ise çok güzeldir. Öyleyse neden kendini pencereden atmak istesin? Annemin onu beklediği pek çok gecelerde de, benim onu beklediğim gecelerde de, kendini pencereden falan atmak istemedi. Öyle, durup dururken yatağından fırlıyordu. Dosdoğru yürüyordu. İşte böyle, düşmanın üstüne dosdoğru yürüyeceksin, aslan gibi! Yürüyordu. Kendiliğinden cama tosluyordu o zaman. Ben de babamı önlüyordum. Ona gövdemle abanıyor, yatağına geri deviriyordum. Babam camdan atlayıp ölmek istemiyordu çünkü. Yaşam, onun cebinde, hiç bozdurulmamış paralar gibi bütün bütün, yepyeni duruyordu. Hadi kızım. Sirkeci otelinin tepesine çıkalım. Oraya bir masa kurduralım. Çalgıcılar gelsin. Bir de kadın olsun. İşte, onu yatağına geri devirmeyi başardığım zaman, usulca doğruluyor, elimi tutuyor, öpüyordu. Demek o beton düzlüğe bir rakı sofrası kurdurmuştum. Babamı dipdiri, sıcacık bir kadınla başbaşa bırakıp gitmiştim. Çalgıcılar, *Balkonda saatlerce / Seni seni andım*'ı çalıyorlardı.

"Saatin kaç?"
"Altıya on var."
Biz bara girerken havaalanının saati on yedi otuzu gösteriyordu.
"Nilgün ancak yirmi dakika sonra burada olur herhalde. Birer içki daha söylesek mi?"
Ekspres kahvenin kokusu çok hoş. Makine buharlar salıveriyor. Karşımdaki içki şişeleri, ardından yakılmış, önünden vuran ışıklarla, herbiri başka alacada ışık kırılmalarıyla gözlerimi alıyor. Gözlerimin sinir kökleri sancıyor. Ama şişelere bakmak da çok hoş. Gözlerim fazla yanıyor.

"Nasıl istersen."

Burnumun ucunu yakalıyor bu kez kardeşim. Acıtasıya sıkıyor.

"Yaa işte, demedim mi, ölü üstüne kaldı?.."

Burnum öyle acıyor ki, gözlerim sulanıyor, rahat ediyorum biraz.

"Ölü mü? Hangi ölü?" diye soruyorum, bu sözü ilk işitiyormuş gibi.

"Kumsaldaki ölü işte" diyor yine gülerek.

"Hangi kumsal?"

Zengin bir laboratuvarda titiz bir bilim adamı gibi ölçüler, ölçeklerle uğraşan, eğilip doğrulan, gidip gelen barmene ikinci içkisini söylüyor. Sonra da, eh işte, orada, Nilgün'ü beklerken biz, canımız sıkılmasın, zaman çabuk geçsin diye, elbet bunun için, bana denizde boğulmuş bir adamı anlatıyor. Daha doğrusu, boğulmuş bu adamla ilgilenen başka bir adamı. Dalgaların kıyıya attığı o cesede koskoca plajda kimse sahip çıkmamış. Yüzmeye gelenlerden yalnız biri sahip çıkacak olmuş sonunda. Ceset kumlarda kalıp kokacak değil ya! Günlerden pazarmış. Adam arabasına aldığı ölüyü teslim edebileceği yetkili birini bulamamış. Götürmüş, bir gece evinde yatırmış, divanda. Sonra, yeni işgünü başlayınca, karakola götürüp teslim etmiş. Pazar nöbetçilerinden yakınmış. Bu kez cesedi teslim almışlar. Ama onu bir gece divanında yatıran adamı da almışlar.

Böyle, rüya gibi birşeyi anlatıyor. Ardından usulca esniyor:

"Uykum var galiba."

Silkiniyor. İçkisinden içiyor:

"Aman dur, biz de o iyi kızlara ölümüzü götürmeyelim. Canlanalım biraz."

Kızlı erkekli kalabalık bir grup, kahkaha kıyamet bardan içeri giriyor. Sırtlarında kayakları, başlarında yün külahları, boyunlarında kalın, uzun atkıları. Gözalıcı renkler. Metil mavileri, şarap kırmızıları, limon sarıları, fıstık yeşilleri, portakal turuncuları; karlı dağlarda kaymaya gidiyorlar. Duvarlarda ünlü kayak yerlerinin karlı güneşli afişleri var: Bize geliniz! Okulların ara tatilinde bize koşunuz! Ucuz ve her şey dahil tarifeler...

Geceler boyu ucuz, her şey dahil gezi tarifelerine bakarmış. Kanarya Adaları'nın, bir palmiyeyle bölünmüş aynı mavilikteki gökyüzüyle denizini gösteren geniş fotoğraflarıyla İsviçre Alpleri'nin beyaz, mavi, tahta rengi fotoğrafları yanyana dururken, neden gitmiyorum sanki, diye sorarmış. Bizse onu, bir öğle sonu, her zaman oturduğumuz kahvede limonata içerken görmüştük. Az sonra, hava karardı kararmadı, odasına atar bu kendini, diye düşünenler oldu. Sonra bir ıhlamur içer, bigudilerini sarar, yatar. Hep gülüşülmüştü.

Derken susulur, derin sessizlikler olur. Biri, kahve kaşığını tabağına çın çın vurur. Babam, camdan atlayıp ölmek falan istemez. Biz daha otelin üstüne masa kurduracağız. İşte, yatağında usulca doğrulmakta, elimi tutmakta, öpmektedir. Neden ölüsü kızının üstune kalsın sanki?

"Nerden bulursun böyle ha var, ha yok insanları bilmem ki?.."

Birkaç gün sonra, o kadını aynı kahveye yeniden götürdüğüm zaman, bana bu soru sorulmuştur. Yoksa, hemen ertesi gün mü? Nerden bulmuştum sahi?

Dil dersi verilen okulun kapısından akın akın çıkıyorlardı. Amerikalı, İsviçreli, Alman, Kuzeyli, Japon kızlar ve oğlanlar. Sonra daha yaşlılar... Her boydan, her renkten. "Ulan, kıvıramayacağım ben şu meret dili be!" Oradan geçiyordum. Kalabalık arasında, caddeye çıkan kara bıyıklı adamlardan biri böyle demişti. Gırtlağını temizleyip balgamını yere atmıştı. Böylece, hemen bana tanış geldiler. Yedi kadar adamdılar. Biri ötekinin koluna girmiş. Bir başkası berikinin ensesine vuruyor. Biri, yanından hızla geçip giden çarpıcı bir genç kadına "Anam!" diyor, iç çekiyor. Aralarında ziraat mühendisi olan kadın da var. Kuşkusuz o zaman ziraat mühendisi olduğunu bilmiyordum. Bu kente bir yakınının hastalığına ya da kendi hastalığına bakıtmaya gelmiş de diyemezdim. Ben onu, gözleri önündeki tabağın kırığına takılı kadın, diye biliyordum. Yok, hemen oracıkta, o adamların yanında tanışıp konuşmadık. Ben tanımış olmak istemedim. Ne onu, ne yere balgam atan, "Anam!" diyen adamlarımızı. Kaçtım onlardan. Raspail'ı tırmanıp Montparnasse'a çıktım, kurtuldum. Zaten bir filmi göreceğim. Saati kaçırma, sakın kaçırma!.. Gencim, ölümlerden habersizim.

"Sizinle bir dakika konuşabilir miyim?"

Geldiğim yerlerde böyle olurdu. Yıllar önce. Bir adam peşinize takılır, en uygun bulduğu yerde size iyice sokulur, ta kulağınızın içine, sizinle bir dakika konuşabilir miyim, derdi. Ne ki, Montparnasse Bulvarı üstünde bunu böyle yapan, bir kadın. Çok ürkek. Ancak kendi cinsi önünde olabileceği kadar yürekli ya da.

"Özür dilerim, sizi rahatsız etmek istemem ama... Dilimi anlıyorsunuz değil mi? Az önce, meslektaşlarım konuşurken onların ne dediklerini anlamıştınız... Ben de bunun için... Türk'sünüz değil mi?.."

Başımı sallamıştım. Elimi uzattım sonra. Tokalaştık.

"O gördüğünüz beylerle birlikte kursa gönderildim ben. Fakat ilkin dil öğrenmemiz gerekiyormuş da..."

"Çok kalacak mısınız?"

"Bursumuz altı aylık."

Yaaa, evet. Altı ay! Filmin çok güzel olduğu söyleniyor. *Les Dimanches de Ville d'Avray.* Kardeşim bu saatte derste olmalı. Onu bekleyemeyeceğim. Bu filmi bugün göreceğim ben. Gişede kuyruk olmuş herkes içeri girdi. Demek hiç vaktim yok.

"Sinemaya gelir misiniz benimle? İşte, şu karşıdaki..."

"Ne söylendiğini anlamam, ama geleyim, teşekkür ederim" demişti üşüyerek.

İkinci, üçüncü yılını doldurmuş bir filmdi o sıralar. Nicedir, şu karşıdaki, giriş ücreti düşük sinemada gösterilsin diye bekleniyordu. Sarsıcı inceliklerle dolu bir film. O en damıtılmış, saf sevgi ile en yırtıcı anlayışsızlıklar içice. Adam geçmişini anımsamıyor mu, anımsamak mı istemiyor? Sıcaklıktan, sevgiden yoksun çocukluğun pazar tatillerini hiç bilmeyenlerin, bilip de unutanların olduğu da kesin ama. Bu unutulunca, kurtlar gibi saldırılır artık, yalın sevgiler üstüne. Yine de perdede olup bitenlere kendimi bütünüyle verebildiğimi söyleyemem. Yanımda sessizce, kıpırtısız oturan kadından bana geçen akım daha somut. Daha gerçek bir dürtüklenme içindeyim. Henüz tanıştık. Ziraat mühendisiymiş. Altı aylık bir bursla gelmiş. Kurs görüyormuş. Bu kente şu ya da bu nedenle gelmiş yığınla insan var. Kimse berikinin ne olduğunu gerçekte bilmez. Kimse berikisinin yanında sevinci böyle, geçmişini unutmuş bir Hardy Kruger'in varlığına bağlamaz. Yanıbaşımda oturan kadının erinci, perdedeki küçük kızdan da öte. Sanki, artık kopmaz bir gönül bağıyla bağlı bana. Sanki şimdi, karanlıkta, –boğuntulu bir taşra kasabasında– uzanıp elimi tutacak. Sonra da öpecek beni. Böyle birşeyler olacak. Fakat ben Hardy Kruger değilim. Onu kovmak, yanımdan uzaklaştırmak zorunda kalacağım. Keşke benimle sinemaya girmesini istemeseydim! Renksiz, kokusuz, cansıkıcı bir kadın. Donyağı. Öğretmen kılıklı. Koskoca kadın. Çocuk değil. Perdedeki küçük kız değil. Orada başka bir gerçek var. Yaşamınkiyle bir türlü çakışmayan. İşte şimdi öğretmenliğinden sıyrılacak bu; ya da doyumsuz, çetrefil bir öğretmen olacak büsbütün, yatılı kız okullarının şiddetsever, bıyıklı müdüranımları gibi seni zorla yakalayarak, sinemanın karanlığına sığınıp...

Böyle, beyaz perdeyle oturduğumuz koltuklar arasında parçalanmış iki saat. Arada ışıklar bir kez yanınca, karamela, çikolata satan kadından bir paket birşey almak istemişti. "Bir şey yemek ister miydiniz?" Tatlı sevmediğimi söylemiştim. Yemek aralarında atıştırmak alışkanlığında olmadığımı. Ya kendisi istiyorduysa?

Ekspres kahvenin bardan buharlana buharlana yükselen kokusu ne güzel!

Kadın belki kendisine karamela almak istiyordu da, satıcıya seslenemiyordu. Peki ama, bunları düşünmek zorunda mıyım? Adam kıza, kilisenin üstünden indirdiği metal horozla şampanyalı bir Noel hazırlayacak. Sinemadan çıkınca yanımda kalmakta diretmese bari... Ben ona kilisenin tepesinden bir horoz çalamam. Zaten içeri girerken, filmden sonra bir sözüm olduğunu, kardeşimi bulacağımı falan söylememiş miydim? Olmazsa yinelerim, unutmuşsa anımsatırım. İşte, bak bakalım, ben mi bulmuşum o renksiz kokusuz kadını? Elbette siz! Neden içimizden başka birine, sokakta herhangi birine yanaşıp, sizinle bir dakika konuşabilir miyim, demedi de, dosdoğru size geldi? Daha kahvede limonatasını içerken, daha Raspail'da, yere balgam atan adamların arasında yürürken kendisini tanıdığınızı belli etmiştiniz ona. O da üstünüze kaldı işte.

Bunu söyleyen Semra. Yıllar önce. Kendisi Paris'te öğrenciyken...

"Bak şimdi anımsadım Semra'yı..."

"Hâlâ onu mu düşünüyorsun?" diyor kardeşim. "Cinini içsene!"

"Öylece geliverdi. Birdenbire. Kesinlemeciydi. Öyle sanıyorum. Onca insan arasında gözümüz neden durup dururken tek bir kişiye takılır, söyleyebilir misin?"

Bardağını bardağıma vuruyor kardeşim:

"İçsene..."

Film bitince o kadından hemen ayrılmak istemiştim. Uzak bir semte gideceğimi söylemeyi kuruyordum. Nedense öyle söylememiştim de, şurda, köşebaşındaki kahvede birilerini göreceğimi söylemiştim. İki adımcık yer zaten. Benimle gelse ne olur? Hoş, zaten benimle geliyordu. Bir kez, pencerenize konan kuşa bir parçacık yem vermişsiniz. İşte, birlikte karşıya geçiyoruz. Ortalık çoktan kararmış. Caddeye yağmur serpiştirmiş. Hâlâ da çiseliyor.

Kadını kardeşimle, onun arkadaşlarıyla o zaman tanıştırmıştım herhalde. Semra ile de. Hiçbiri ilgilenmedi. Ona hiçbir soru sorulmadı. Nerde kalıyorsunuz, boş saatlerinizi nasıl geçiriyorsunuz? Bu soruların hiçbiri olmadı. Herkes kadına, onun özgürlüğüne karşı saygılı davrandığına inanıyordu. Kadın da on dakika sonra, sizleri rahatsız etmesem artık deyip kalktı. Bunu da işiten olmamıştı. "Güle güle efendim" demiştim. Artık yerimden bile kıpırdamayacaktım. O da yürüdü. Dışarı çıktı. Kahvenin önünde bir süre durduğunu gördüm. Elinde, topuzu camdan bir şemsiye vardı. Şemsiyeyi çamaşır sıkar gibi büküp duruyordu. "Kadıncağızı aldığın yere dek götüreydin bari."

Kardeşim böyle söylemişti. Kadınla, onun kalkışıyla, kapı önünde şemsiyesini büküp duruşuyla hiç ilgilenmediğini sanıyordum. Çoktan kalkacaktım canım. Birinin beni dürtmesini beklemişim. Masada geri kalan herkesin de benimle dalga geçmeyeceğinden emin olmayı... Hırkamı kapıp fırladım. Onu, caddenin karşı yakasına geçmeye savaşırken yakalamıştım.

"Sizinle geleyim. Hem kaldığınız yeri de öğrenmiş olurum."

"Arkadaşlarınızın yanında, size yük olduğumu sanmıştım" dedi.

Yeniden karşıya geçtik. Yağmur hâlâ ince ince serpiştiriyordu. Cadde, renkli muşambalar giyinmiş insanlarla doluydu. Yukarı aşağı akıp gidiyorlardı, şemsiyeler açılmıştı. Dev çiçeklerden bir akıntının ortasındaydık.

"Filmi sevdiniz mi?" diye sormuştum, çok gecikerek.

"O küçük kız o adamla nekadar mutluysa, inanın ben de öyle oldum bu akşamüstünden beri. Çok teşekkür ederim. Sizi bilemem tabii... Sizin böyle bir yakınlığa ihtiyacınız olmayabilir..."

İnişsiz, çıkışsız, renksiz, tınısız bir biçimde söylemişti bunları. Yeniden, oracıkta, o renkli akıntının ortasında cansız bir çöp olarak bırakıp kaçmak istemiştim onu. Varlığı, ölüme bir çağrı gibiydi.

Ertesi gün çay içmek üzere odasına gitmeye söz verişim o zaman. Meslektaşının gece bekçisi önünde "Orospu!" dediğini anlatışı ise, onunla çay içerken. Arkadaşım portakal kabuklarını çoktan haşlamıştır artık. Reçelin şurubunu kestiriyordur. Babam, yatağında doğruluyor, elime sarılıyor, öpüyor o eli; kızım, sofra hazır mı, çalgıcılar geldiler mi, diye soruyor. Başı yastığa düşüyor; garip, yanık bir sesle: *Diyorlar kül olmaz / Ateş yanmadan* gibi bir şarkıyı söylüyor. Sonra yeniden fırlıyor yerinden, pencereye doğru atılıyor; onu göğüslüyorum. Kardeşimse, "Ölü üstüne kaldı işte" diyor. Ertesi akşam o kadının odasına çay içmeye gitmesem, onu bir divanda yatırmak zorunda kalan ben olmayacaktım. Gittiğim içinse... Aslında hiç gitmek istememiştim. Gitmem gereken saat yaklaştıkça, gidememem için ateşlenip yatmayı, kentte olmamayı, nehirde boğulmayı bile istemiştim. Kırkına gelmiş. Ziraat mühendisi olmuş. Her yanı kireç tutmuş. Erdenmiş. Yaşamıma katılabilecek en son kişi!

Gabrielle'i gördüğü akşam, "Burada kadın kadına gidilebilen müzikli, danslı yerler varmış. Özür dilerim, sizi sıkmak istemem ama, davet etsem bir akşam birlikte gider miyiz?" diye de sormuştu. Onunla bir gece kulübüne gitmeye söz vermiştim. Sonradan bu sözümü unutmuş göründüm. Kadın bana güvenini pekiştirmeden, varlığıma iyice alışmadan, ondan kurtulmak istemiştim. Verdiğim sözü unutmak, onu unutmak...

Herhalde unuttum da...

"Nilgün nerdeyse gelir" diyordu kardeşim. Barmene sesleniyor:

"Gitane'ınız var mı?"

Bir sigara yakıyor. Bana da uzatıyor. Sonra ansızın soruyor:

"Yarın o doktora gidecek miyiz gerçekten?"

Boğazım kuru. Sesim çıkmıyor. Onu yanıtlayamıyorum. Ölüm. Nilgün'den önce gelip yanıbaşımızda duruyor yeniden. Onu, Paris'teki otel odasında kilitli bıraktığımızı sanırken ben. Kapkara bir gölge, kırklarındaki ziraat mühendisi bir kadının, erdenim ben, diyen, özürler dileyen sesiyle mırıldanıp duruyor.

"Öyle yapalım. Bu gece Semralarda kalalım. Sevinirler. Ben dirildim. Viski iyi geldi. Uykum yok. Kızları alıp çıkarız belki. Onları biraz şenlendirelim. Rahibe gibidirler ikisi de. Aaa bak, rahibe deyince, tamam canım, hatırladım o kadını. Hani az önce sormuştun. Kızma ama, bence iyi durumdaydı, yani daha iyi demek istiyorum. O sıralar, bir gece, Güran'la tiyatrodan dönüyorduk. Yemek yememiştik. Sen bakma, Güran yine iyi bestecidir. Acıkmıştık. Hani, caddenin gerisinde ucuz bir İtalyan lokantası vardı ya, orada karınlarımızı doyuracaktık. Lokantanın sokağa dönen köşesinde kimi gördüm dersin? O kadını işte. Duvara yapışmıştı. İriyarı bir adam da onun üstüne yapışmıştı. Kadının salt kırmızı ayakkabıları görünüyordu, bir de yüzünün yarısı. Gövde adama yapışık, ama başını kaçırıp duruyordu. Herhalde öyle. Şimdi gözlerimin önüne geliyor."

Yanıbaşımızdaki kara gölgeye bakıyorum şaşkınlıkla. Bana utangaç utangaç gülümsüyor. Başı önüne düşüyor. Nedense suçlu suçlu, yerdeki çantalardan birinin içine girip, orada sessizce oturuyor. Saldırgan değil. Zararsız, uslu bir küçük çocuk. Bir horozşekerini yalıyor. Salyası biraz önlüğüne akıyor, o kadar.

"Calvade şişesi o çantada mı?" diyor kardeşim.

Başımı sallıyorum.

"... Sen döndükten sonra bu hanımı daha birçok kez gördüm ben. Hep karanlık duvarlara yapışmış oluyordu. Ona da bir başka adam..."

"Aslen Konyalı'ymış. Yaşlı bir annesi varmış."

Kardeşim viskisini bitiriyor. Kayakçı gençler de bitiriyorlar içkilerini. Güle oynaya, çiçek dürbünleri gibi çıkıp gidiyorlar bardan. Her şey susuyor. Renklerinden soyunmuş gri bir yarıaydınlık çöküyor bara. Müzik kutusunu çalıştıran kimse de yok. Salt, kardeşimin karaciğerini dinleyen çok duyarlı bir aletin cızırtıları. Cızzz, diye sürüyor, incecik bir ip gibi uzayıp gidiyor bu cızırtı şimdi.

Demek kadını Paris'te, eski bir otelin genişçe odasında ölü bulmuşlar? Hay Allah, ne acı değil mi? Vah vah... Tabağını uzatır mısın, bak bu börek çok güzel. Gazeteyi gördünüz mü? Yine çok ölü, birçok... Fena! Sen portakal reçelini nasıl yapıyorsun? Şu adres defterini değiştirsene. Çok eskimiş...

Gazeteler yazmıştı. O zaman. Yıllar önce. Ben yurda döndükten sonra yani. Arkadaşım portakal reçeli tenceresini ocaktan indiriyordur şimdi. Ardından tozlu tabakları yıkayacaktır. Çalgıcılar gelmedi. Babam, Sirkeci'nin bir otelinde o çalgıcıları, çalgıcılarla birlikte gelecek işveli, hoş kokulu bir kadını bekledi. Rakı sofrasının başında oturdu durdu. Kendisi içmediği için, otelin tepesine kurdurulmuş masaya otelciyi çağırdı. Adam içti, babam şarkı söyledi: *Balkonda saatlerce / Seni seni andım!* Ziraat mühendisi, kırk yaşlarında bir kadın, Ankara'dan kurs görmek için burslu gittiği Paris'in bir otel odasında ölü olarak bulunmuştur. İntihar ettiği saptanan ziraat mühendisimizin cesedi, yaşlı annesine teslim edilmek üzere, Paris elçiliğimiz kanalıyla yurda gönderilecektir. İntihar nedeni anlaşılamamıştır.

"Aslen Konyalı'ymış, yaşlı bir annesi varmış. Paris'ten dönüşünde, bir süre sonra İstanbul'da rastladım ona ben. Kendi adına kocaman bir çiçeklik kurmuş. Akla gelmedik çiçekler yetiştiriyor, biliyor musunuz?" (Çiçekliğinde Meksika güneştopları bile var. İki de çocuğu olmuş. Görsen nasıl değişmiş, dipdiri, yaşam dolu bir kadın. Usulünce içmeyi de seviyor. Ağzından şarkı, türkü eksik değil. Meksi ka güneştoplarının bu kadar güzellerini Paris'te bile görmedim ben. Sonra o arıçiçekleri. Hani çayırlar arasında olur, onların aşılanmışı. Görsen, bir zambaklar yetiştiriyor. Hele o akşamsefaları... Afrikamenekşelerinin en güzelleri onda. Sürekli çiçek var üstlerinde. Sen hiç sürekli çiçek açan, çiçekleri hiç solmayan afrikamenekşesi gördün mü? Soğuk iklimlerde demek istiyorum! Kocası tambur çalıyor. Çiçeklere bayılıyor. Besteleri de var. Çoğunu karısı üstüne yakmış. Bana çaldı. Hem de çiçekliğin ortasında. Akla gelmedik bitkiler de vardı. Güneş, camlarda kırılıyor, her bitkide ayrı alacalarla yansıyordu günışınları. Çok güzel bir gündü. Kadın boynuna mercanlar asmıştı. Bana bir kucak frezya armağan etti. Beyazlarından... İstanbul'da bir arkadaşım var. Yalnız yaşıyor. Frezyaları onunla paylaştım. Bu arkadaşım hâlâ yalnız yaşıyor. Ama, bize frezyaları veren kadını unuttuğunu sanmam.)

"Nilgün bizi alınca, bir çiçekçinin önünde dursak da onları..." diyor kardeşim.

Çantadaki gölge uçup gitmiş. Bar aydınlanmış. Biri, otomatik müzik kutusuna para atmış, çılgın coşkuda bir parçayı çalıyor. Barın ta öteki ucunda tek başına oturan kırmızı yüzlü bir adam, burnunu çeke çeke ağlıyor. Nilgün tam o sıra çıkageldi.

Yarın göreceğimiz doktordan hiç konuşmadık. Yolda bir çiçekçinin önünde durduk. Kardeşim indi. Bize arabada beklememizi söyledi. Döndüğünde, her renkten çiçeklerle o kadar büyük bir buketi kucaklamıştı ki, yüzünü göremiyorduk. Sesini, o koca çiçek yığını ardından işitmiştik.

Ben onu hep, işte bu, çiçekten yüzüyle düşünürüm. Hep de o sesi:

"Hadi gidelim."